[redacted]

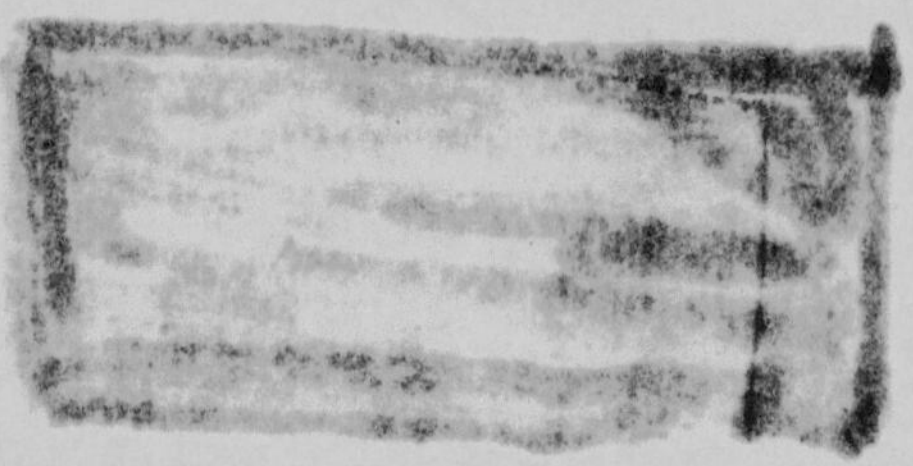

日本のファッション

明治・大正・昭和・平成

Japanese Fashion

青幻舎

本書は、明治以降の約 140 年間、日本人が何を着てきたかの記録である。渡辺直樹氏の精密なイラストでお分かりのように、日本人は、実に様々な衣服を着てきたということが分かる。まるで東洋人である日本人が、大急ぎで和服を脱ぎ捨てて、ただひたすら西洋人に変身しようとしているかのようである。ヘアスタイルは島田からパーマや、断髪に、そして黒髪は茶髪から金髪へ、着物、羽織を脱ぎ捨てて、いち早くファッショナブルな洋服へと、まるでカメレオンのように変身を遂げている。今や、身体までも、小麦色に焼き、タトゥーシールを貼り、裸体の衣服化に努めている。本書は日本人の変身の記録である。

人間にとって衣服は不可欠なツールである。人間＝裸体＋衣服である。この不可欠な衣服が際限なく変わるということは、日本人のもつ価値観や感性やモラルも、また際限なく変わっているということであろう。

本書のイラストは、2003 年、大日本インキ化学工業㈱主催の「明治・大正・昭和の色彩展」で、私がその企画・構成を担当したとき、渡辺直樹氏に描いて頂いたイラストが基本になっている。今回、青幻舎から、本書を刊行するに当たり、大幅に加筆をして頂いた。言うまでもなく同氏の研鑽と努力がなければ、本書は成立しなかった。また本書の執筆に当たっては、共立女子短期大学講師の渡辺明日香さんから、色々と助力を頂いた。イラスト解説は、渡辺明日香さんの執筆である。ディックカラー＆デザイン㈱の山口正幸会長から、上記展覧会のイラストの使用を快諾していただいた。同展が終了したとき、苦労を掛けた渡辺直樹氏のイラストをいつか刊行してあげたいと思った夢が叶って、これ以上の喜びはない。最後に、その夢を実現してくださった青幻舎の安田英樹社長、編集部の中嶋桂子さんに、深く謝意を捧げる次第である。本書の構成は、明治以降のファッションイラストと、その解説、流行色とその解説とから成り立っている。視覚的にお楽しみ頂ければ幸いである。

構成・解説　城　一夫

ところで、本書の中に皆さんのお知り合いは登場していませんでしたか？　本書に登場した400体には、一人として架空の人物はなく、確かに存在した私たちの先達、友人、そして後輩がモデルとなっています。もしかしたら、あなたのおじいさんのお母さんがそこにいるかも知れないし、隣家のおじさんの青春時代も描かれているかも知れません。

過去の人物が何を着ていたのか？　それを描くにはその当時の時代背景をくまなく把握することが大切です。そして、私自身の思い出も貴重な資料となり、思い出を蘇らせてから鉛筆で下書きをし、彩色を施してゆく訳ですが、その時の資料は全てが色付きではありません。しかし、様々な資料から集めた情報に照らし合わせ「検証した色」を絵に入れたとき、白黒写真の中でセピア色に褪せていた私の祖父が、人生を謳歌する青年となって、フッと私の隣に現れた気がしました。「こんな楽しい仕事は無いな」。就筆中の私は、明治から現代までを自由にぴゅんぴゅん飛び回るタイムマシンに乗ったかのような、愉快で不思議な感覚に陥ったのでした。

しかしその反面、私たちはなんとどん欲にあらゆる衣服を着散らかしてきたことだろう！と再確認もしました。そして、古来から進化を遂げて来た「きもの・和装」から大きく逸脱し、揺らぎ続ける今日迄の私たちの「ファッション」はいったいこの先何を求めて行くのだろうという疑問も生まれてくるのです。

本書に携わるきっかけをくださり、また、怠け者の私を寛大な気持ちで見守りつづけてくださった城一夫先生や、いつも優しい心で、何度もアドバイスをくださった渡辺明日香先生にはお礼の言いようがありません。

最後になりましたが、本書を手に取って下さった皆様、本当にありがとうございます。

イラスト　渡辺直樹

目次

イラストで見る日本のファッション

~1899

文明開化の流れの中で、
洋風化の波が押し寄せた。
特に鹿鳴館外交を契機にして、
男性のフロックコートや、
女性のバッスルスタイルが出現した。
しかし一般的には、
江戸以来の復古調の和服姿や
和洋折衷のスタイルが主流であった。

シャグマに三斉羽織を着た官軍の将校

西洋の外套に刀をさした
和洋折衷の明治初期の武士

江戸の名残のある
明治初期の牛乳配達人

初めて洋服を着用した明治初期の郵便配達夫

江戸の名残のちょんまげ姿の明治初期の大工

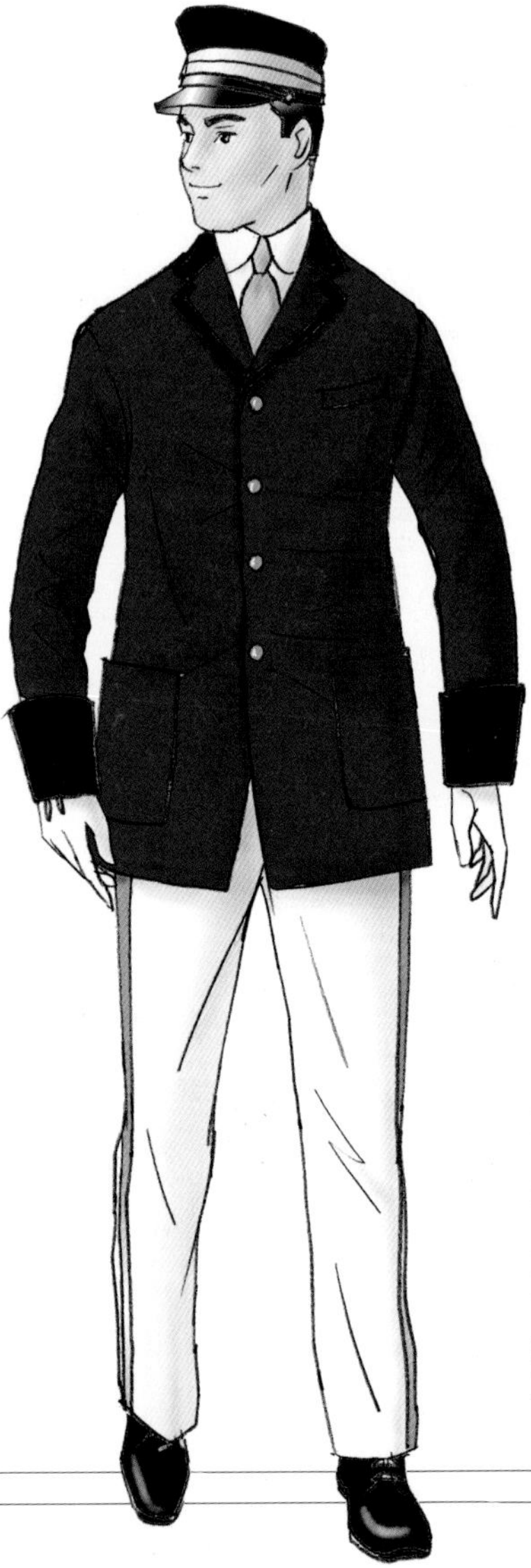

西洋の制服を取り入れた
明治初期の乗合自動車の運転手

大流行した矢絣の着物を着る町家の娘

江戸の名残のある縞柄の着物の明治初期の女性

お宮参りにお出かけの親子連れ

日本髪に草色の小紋の着物の良家の婦人

ロマンティックなリボンのついた
クリノリン・ドレスの外国人女性

大礼服を着用の文官（左）と武官（右）、黒地に金や赤のブレードの衣服

当時ヨーロッパで流行していた
バッスル・ドレスの鹿鳴館スタイル

日本の洋装史の第一歩、
優雅な鹿鳴館スタイルのドレス

明治初期の山高帽にステッキ、フロックコートの紳士

1900's

日清、日露戦争以後、男性の洋装化は
一層進み、三つ揃いのスーツが
普段着や通勤着に普及した。
洋行帰りの男性の間から
ハイカラーシャツに背広姿が多くなった。
一方、女性は和服が圧倒的に
多かったが、女学生に海老茶袴が
制服として流行した。

洋服姿の紳士と日本髪に着物の奥さん

絣の着物と小倉の袴の明治の壮士

フロックコートを着た明治の代議士

ファー付きのダブルコートを着用した上等官吏

小紋の着流しにステッキの弁士

格子の着物を着た明治の医師

縞の着物を着た豪商紳士

角帽にとんびと学生服の大学生

断髪に江戸風の
縞の着物の商家の若旦那

明治中期の黒の詰襟、
黒カバンをもった郵便配達夫

日清・日露戦争時の
陸軍兵士の軍服スタイル

袴姿の女子学生スタイル

海老茶の袴の女子学生スタイル
足元は洋装のヒール靴

白いドレスに赤十字の
看護婦の洋装

雛祭りを元禄模様の晴着で祝う姉妹

竜田川模様の振袖に
パラソルを持つ良家の娘

お召を二重に着たご新造

明治末期に昭憲皇太后が着用していたドレス

パフスリーブに色鮮やかな赤のシルクドレス

明治後期に浦賀船渠創立者婦人が
着用していたとされるドレス

明治後期の紳士の
ダークスーツの洋装スタイル

明治後期の「シマウマ」型の女性の水着、
当時は丈長のワンピースを着た

黄八丈を着た
商家の下働きの娘さん

1910's

第一次世界大戦後の
好景気を反映して、
生活の洋風化は一層進んだ。
男性はコンチネンタルスタイルの
背広が主流となった。
まだ女性は銘仙、お召しの和装が
多かったが、夢二、華宵などの
大正ロマンの薫り漂う女性像が
人気を集めた。

竹久夢二の描く女性を思わせる
可憐な着物姿の女性

大胆な縞柄や色合わせが流行した大正ロマンの着物

大正初期の縞柄の着物を着た和装の女性

藤色の着物を着た
大正初期の和装の女性

当時大流行した
海老茶袴の女子学生のスタイル

モダンなワンピースにファーのケープを持った女性

モダンなセーラーカラーのマリンルック

着物に白エプロン姿のカフェの女給スタイル

男性は洋装、
女性は大正ロマンの着物姿の
カップル
淡い紫など、はかない色が好まれた
大正ロマン・スタイル

1920's

関東大震災は女性の洋装化を
促す契機となった。
20年代中頃の銀座にはモボ・モガの
ハイカラ・スタイルが登場し、
昭和モダンの花を咲かせた。
また大阪からシンプルなアッパッパが
流行し、女性の簡便な
室内着、外出着として広まった。

淡い色の着物に花柄の名古屋帯、
毎年の流行があった刺繍入り半襟

白と紺のアールデコ風の柄を配した
夏の浴衣

渋い藤模様の着物に
流行のパーマをあてた束髪

ぼかし模様の薄緑の華宵好みの着物

渋めの絣銘仙の着物とショールの組み合わせ

モダンな大柄の銘仙に
コントラストの強い帯の組み合わせ

ダンディーなダブルのコート姿に
アールデコ風のモダンなコート姿のカップル

着物姿と洋装のモガ、
当時はまだまだ着物が圧倒的に多かった

茶・緑・黒のモダンな配色と柄を施した洋風な着物

女学生の間で大流行した
あざやかな絣銘仙の着物

良家の子女のお出掛け着として洋装が用いられた

20年代後半にはスカートが長めになり
フェミニンさが増した

ダンディーなダブルのスーツの男性

ストレートなシルエットの
チャールストン・スタイル

ほっそりとした白ワンピースのモガ・スタイル

エキゾチックな淡いピンクの
チャイナドレスに断髪

ショートスカートにおかま帽のモダン・ガール

20年代には洋服感覚の
配色や柄の着物が流行した

モダンな花柄プリントのローウエストのドレス

ショート丈、ウエストルーズの
ギャルソンヌルックのワンピース・スタイル

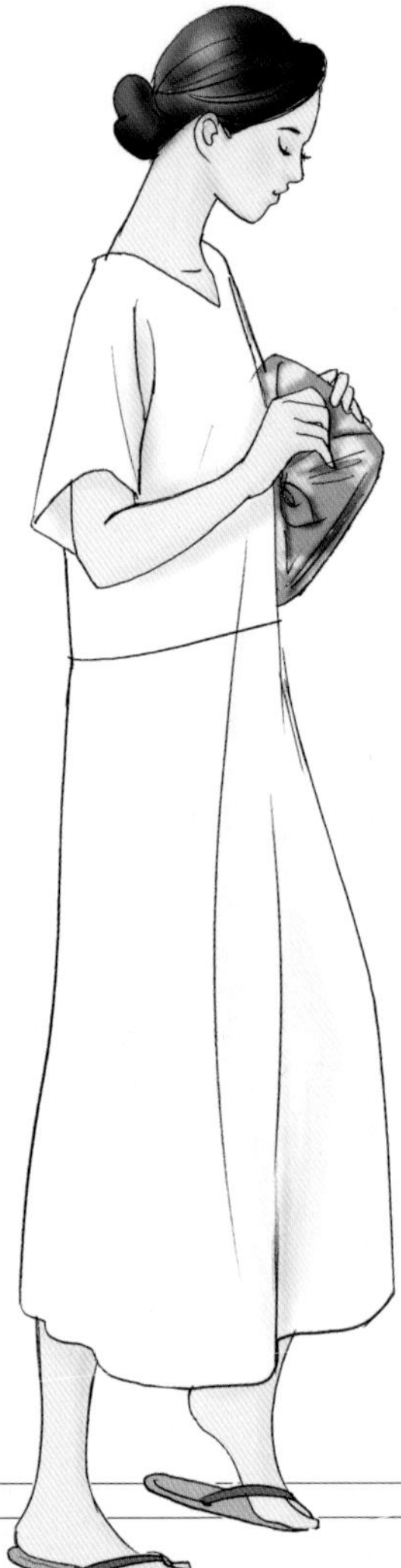

簡素な衣服〝アッパッパ〟が
庶民の間で親しまれるようになる

おかま帽にほっそりとしたシルエットの
白のジャンパースカート

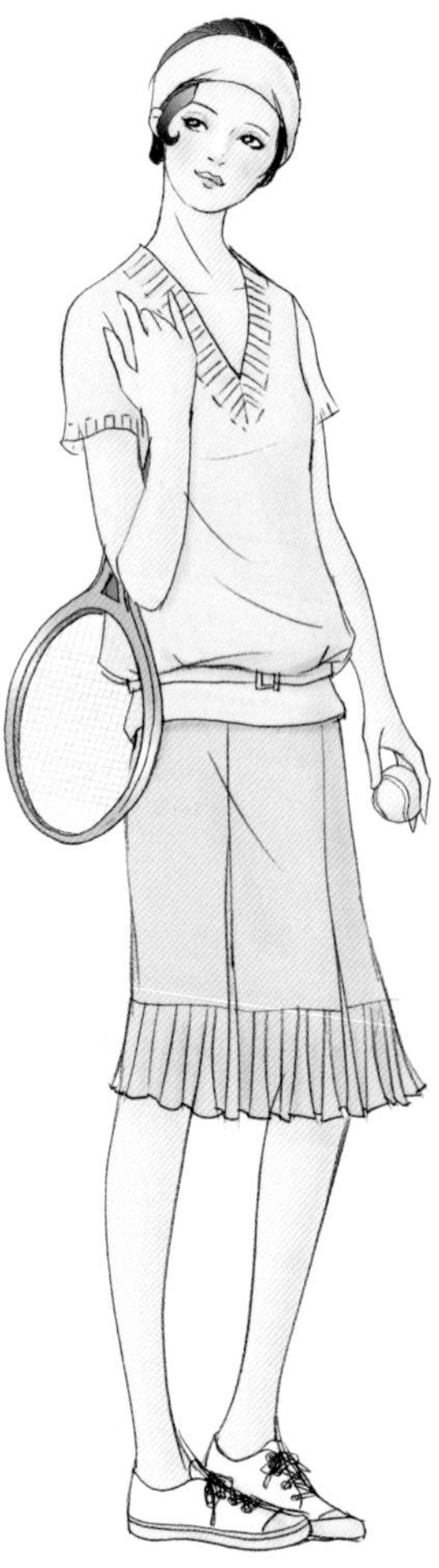

スポーツに親しむ女性も現われ
テニス・ルックが登場

登山などのアウトドア・レジャーのさきがけ

女性用のワンピース水着が初めて登場した

1930's

29 年、ウォール街で起こった
金融大恐慌により、
わが国も経済不況に見舞われた。
女性は装飾的なロングドレスが、
主流となった。
軍靴の響きが高くなるに従って、
国民服の制定の動きが
本格的になった。

ワンピースに紋付き羽織を合わせた和洋折衷スタイル

30年代を代表する
ドレッシーなスリム&ロングのシルエット

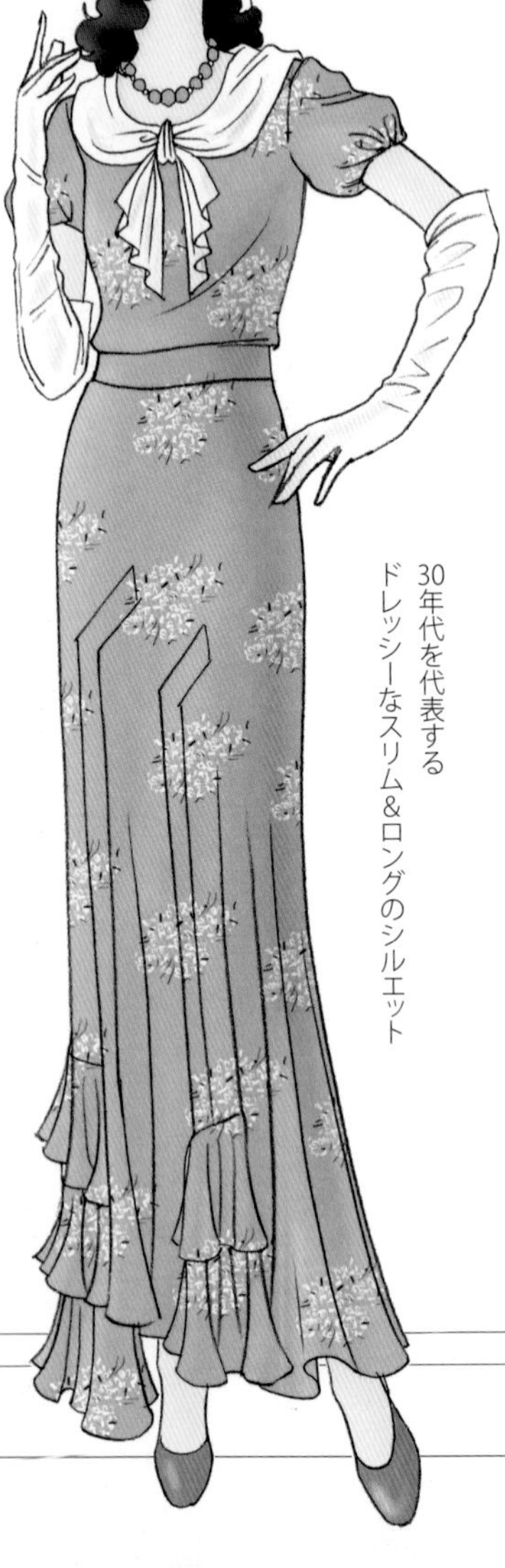

着物に毛皮の襟巻きをつけた
モダン・スタイル

大胆な柄ゆきの着物や帯をアクセントにした着物が流行

西洋の流行が積極的に取り入れられ、
30年代調ドレスが好まれた

フェミニン調の人気で
淡いピンク色のドレスが流行した

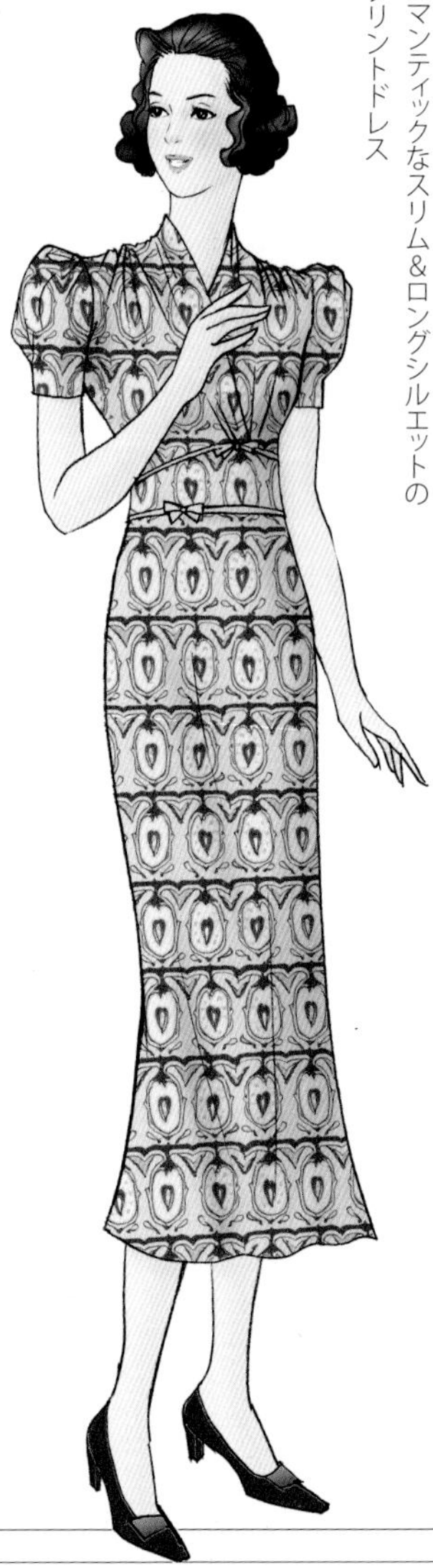

ロマンティックなスリム＆ロングシルエットの
プリントドレス

エレガントなファーのコートに
マニッシュな中折れ帽姿のご婦人

ダンディーなダブルのスーツの男性と
黒・茶・黄色のアールデコ柄コートの女性

清楚な白のツーピース、
当時流行したスリム＆ロングのシルエット

国防色の空軍の兵士、
背面にはパラシュートを搭載

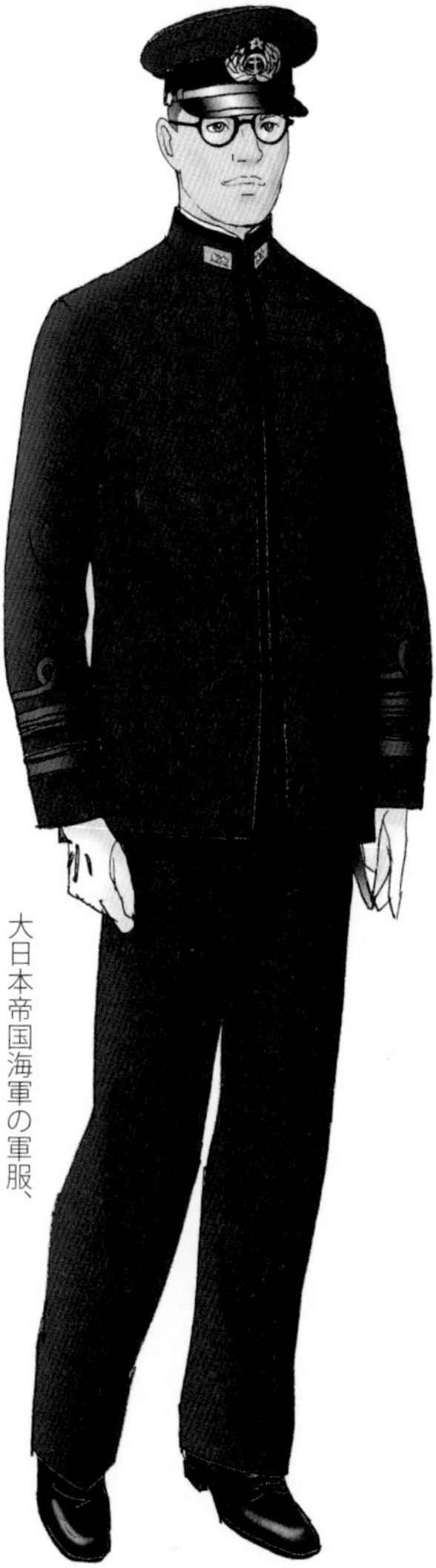

大日本帝国海軍の軍服、第一種軍装のスタイル

大日本帝国陸軍の軍服に身を包んだ兵士

スキーウエアを着て闊達に
雪山登山を楽しむ女性も登場

当時はまだ、竹製の
スキー・ストックが用いられていた

1940's

40年、「国民服」が制定され、
男性は軍服に似たカーキ色の
国民服を着用し、女性は「標準服」や、
もんぺ姿が主流であった。
終戦とともに瓦礫の街には
軍服や更生服が溢れたが、
ボールドルックの
アメリカンルックを始として、
女性の洋装化は本格的になってきた。

40年代前半の学徒動員の学生

敬礼をする国防色の軍服を着た陸軍兵士

大日本帝国海軍の
夏の白いセーラー服の水兵

大日本帝国海軍の
紺色のセーラー服の水兵

国民服の男性、右は乙号、左は甲号

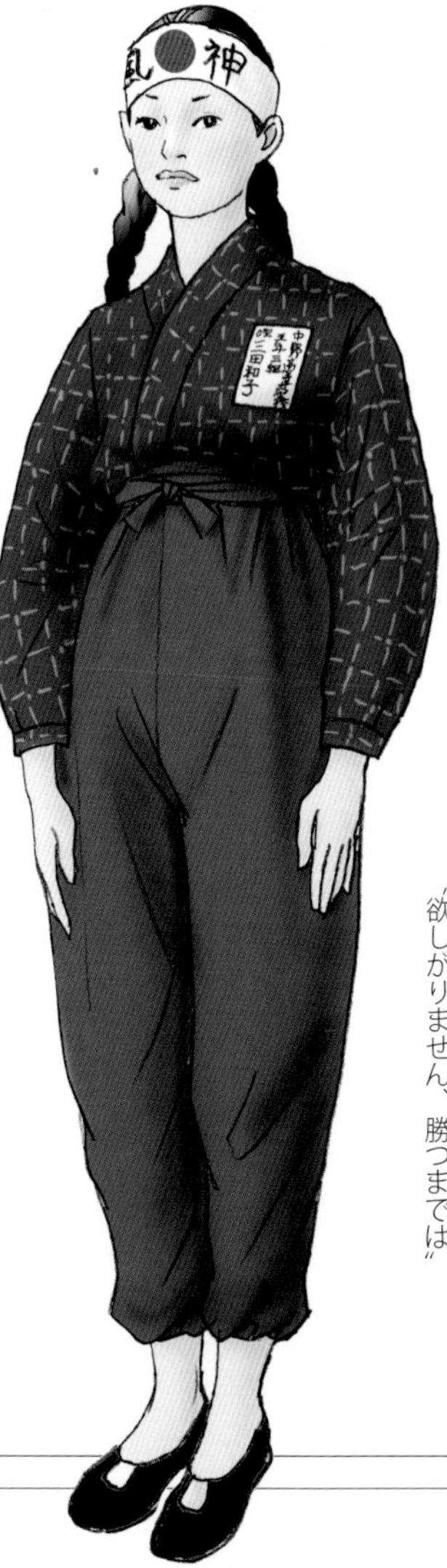

モンペ姿にはちまきを締め
〝欲しがりません、勝つまでは〟

頭巾にモンペ姿で防火訓練をする女性

着物を仕立て直した更正服が大流行した

電車の女車掌、濃紺の制服に
白衿が憧れの的

職業婦人が台頭し、
婦人警官も登場した

アースカラーのコートに
スリム・ワンピースの組み合わせ

マニッシュなストライプのスーツ・スタイル

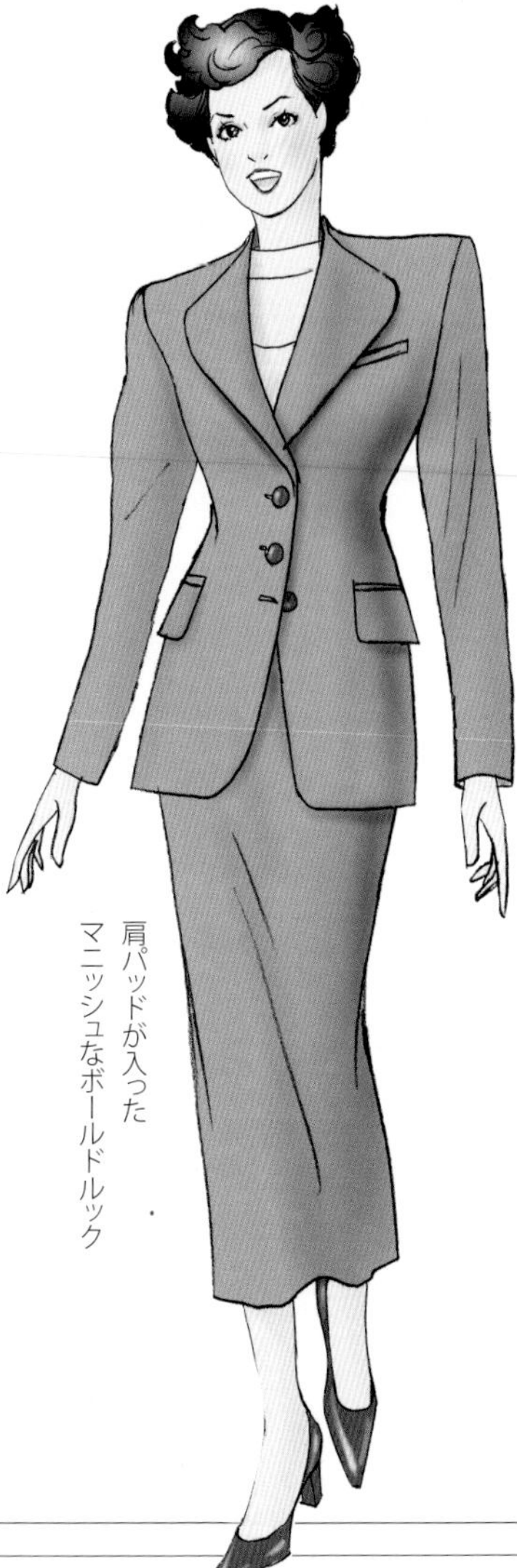

肩パッドが入った
マニッシュなボールドルック

戦中・戦後に流行したいかり肩のボールドルック

大胆なワンピースにサングラスをした
アプレ・ゲールの女性

柄シャツに麻スーツの享楽的なアプレ・ゲールの男性

派手なプリントスカートに
洋風化粧のパンパン・ガール

パンパンたちのハンドバッグやハイヒールは
女性の憧れ品だった

フレームレッドとビリヤードグリーンの
原色調のパンパンルック

1950's

戦後の混乱から脱すると、
華やかなパリモードへの憧れや、
「ローマの休日」、「麗しのサブリナ」に
登場したヘップバーンのファッションが
人気を集めた。
また石原慎太郎の「太陽の季節」から
生まれた「太陽族」などの
若者たちのファッションも生まれてきた。

50年代を代表する流行色・ピンクを使った水玉のフレア・スカート

若々しいフレンチ・スリーブの水玉柄の落下傘ワンピース

ウエストをきゅっと絞った
フレア・シルエットのワンピース

ショート丈コートとタイトスカートのHライン

ケープ風の袖が特徴的な
ウエスト・フィットのアンサンブル

モーニングスターブルーを使った
Yラインのスリムなスーツ

「クリスチャン・ディオール」の人気で広まった
ウエストシェープのYライン

マグネットラインでベルスリーブの
ボリュームのあるコート

テントラインのロングコート、
トークハットなどの帽子も好まれた

ウエストを絞ったＹラインのセットアップ

黄色と黒のコントラストが効いた
Ｙラインのセットアップ

50年代から60年代に流行した
スポーティーなショート丈のカーコート

映画「君の名は」の
毛糸で編んだ真知子巻きのマフラーが大流行した

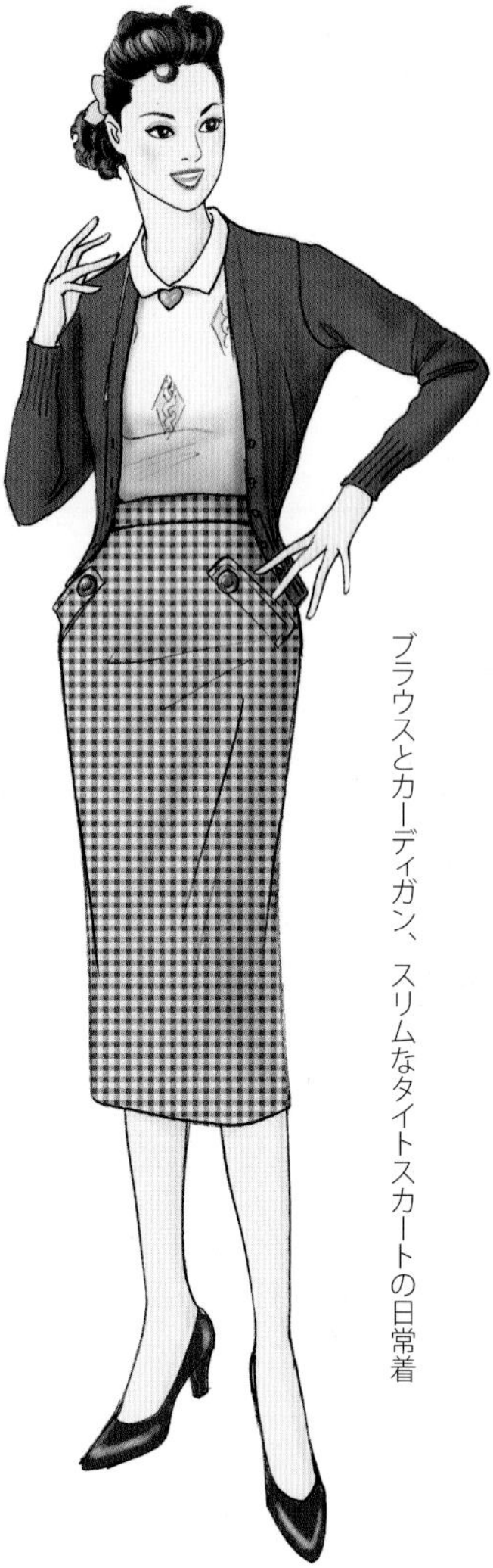

ブラウスとカーディガン、スリムなタイトスカートの日常着

50年代初期に流行った
ドルマン・スリーブのニットに細身のスカート

映画「赤と黒」による
赤いトッパーに黒パンツのスタイル

ショート丈のトッパーに
細身のサブリナパンツを合わせたスタイル

赤いトッパーと白のスカートの
ツートン配色が印象的なHライン

ブラウスとスカートのIライン、
苦力（クーリー）型帽子も話題となった

イタリアンカラーのトッパーにスカート、
トリコロールのカレッジ・スタイル

ノースリーブブラウスにスカートの
日常的なフィット&フレアのスタイル

カジュアルなトッパーコートにスキーパンツの
スポーツ・ルック

イタリアンカラーシャツにプリーツスカートの
スリムなIライン

パンツの裾を靴下に入れて
ニッカボッカー風にしてサイクリング

アロハシャツにショートパンツ、
慎太郎カットできめた太陽族

ポニーテイルに裾をロールアップさせた
マンボ・パンツ風の着こなし

マリンボーダーのシャツにショートパンツの太陽族スタイル

ノースリーブ・ブラウスに
ふんわりとした落下傘スカートの太陽族

フィット＆フレアのエレガントなプリントのワンピース

当時流行した水玉柄の
エレガントなプリンセス・ラインのドレス

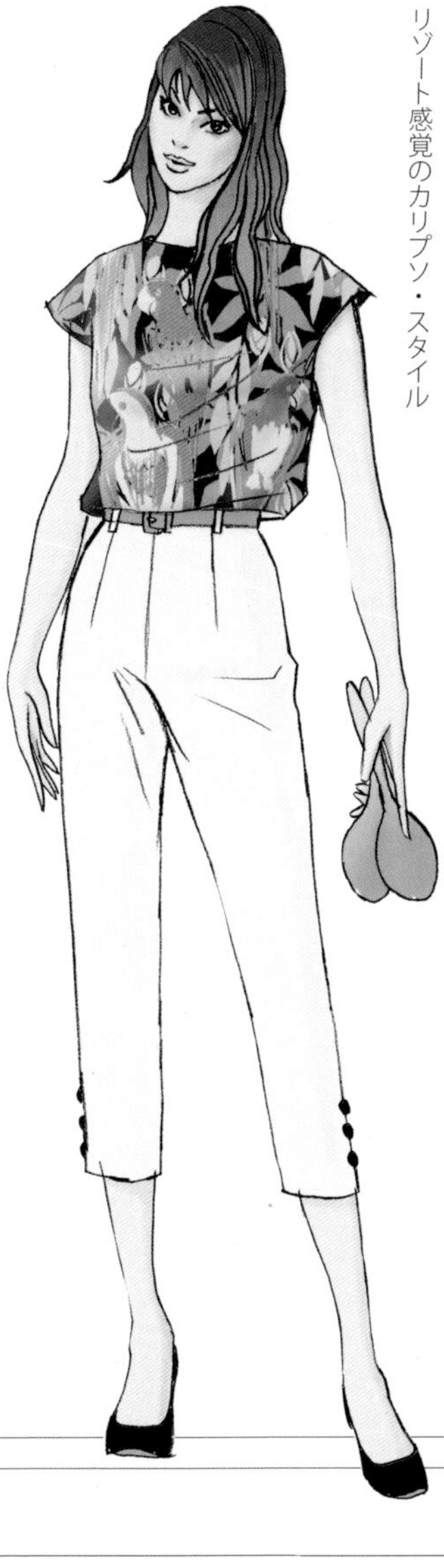

浜村美智子から火がついた、
リゾート感覚のカリプソ・スタイル

ジャズ人気から生まれた
ロングスーツのロカビリー・スタイル

映画「三月生れ」から生まれたササールコート

パリのモードが流入し、
豹柄衿のコート・ドレスなども取り入れられる

モノトーンのモダンなスーツ、
レザーの手袋がエレガント

ノースリーブのチェック柄ワンピース、
ベレー帽も流行した

ザイラーブラックと白の
コンビ配色のスキーウエア

Vネックのラインが特徴的なテニスセーターを着たスポーツ・スタイル

〝テニスコートの恋〟で
ミッチー・ブームを招いた白のテニスセーター

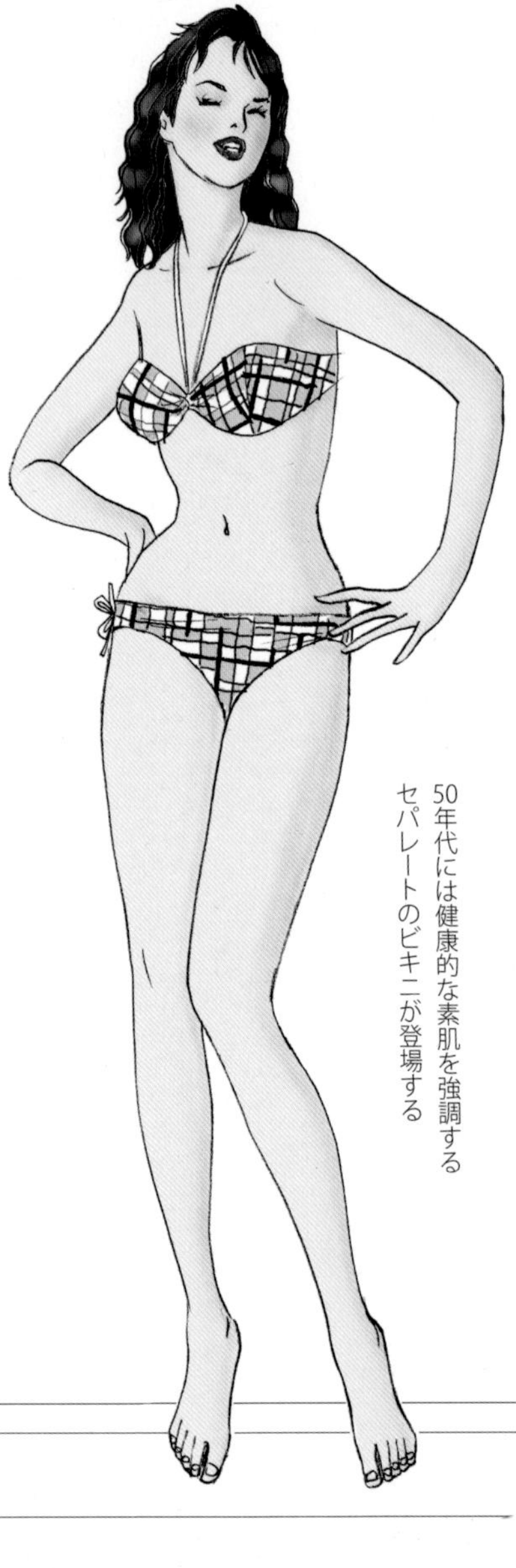

50年代には健康的な素肌を強調する
セパレートのビキニが登場する

1960's

64年の「東京オリンピック」を
頂点として、未曾有の好景気を
迎えるとともに、
団塊の世代の若者たちによる
新しい文化が生まれてきた。
ミニスカートやミニドレス、
アイビールックや
サイケデリックカラーなど、斬新で
革命的なファッションが登場した。

鮮やかな赤のトッパーコートにプリーツスカートの上下

クチュール仕立てのショート丈ジャケットとスカートのスーツ

ペグトップ・スカートが
特徴的な七分袖のスーツ

ノーカラーのスーツ、
60年代に入りスカート丈が短くなる

ロマンティックなパフスリーブの
ブラウスとタイトスカート

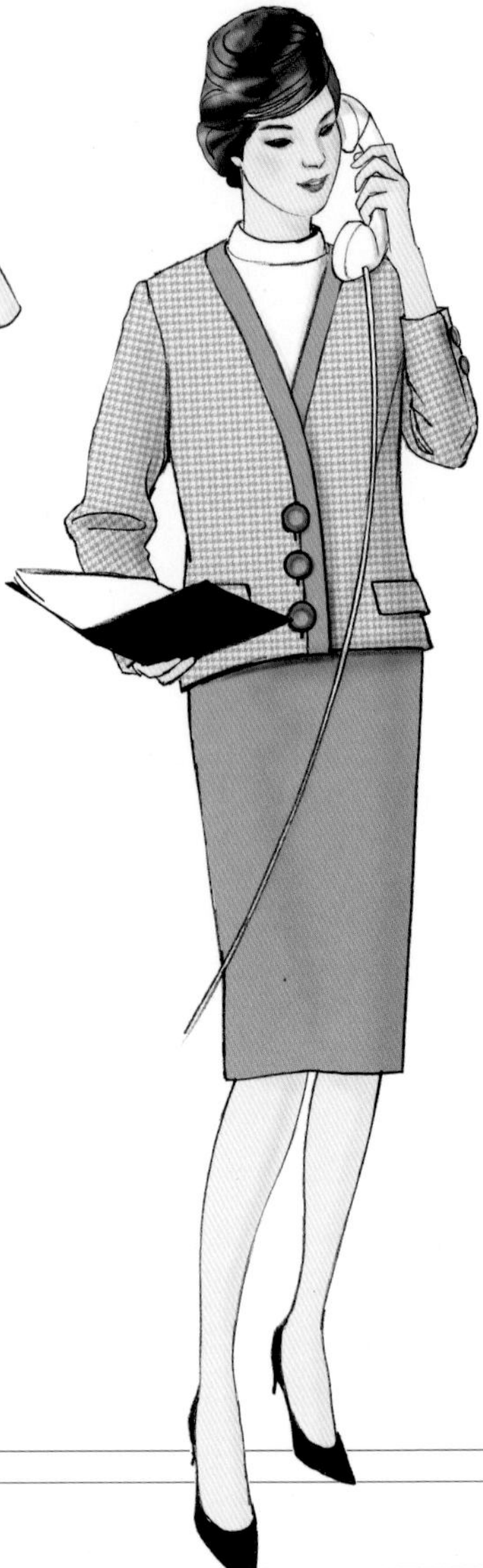

ノーカラーのジャケットにスリムスカートの
ビジネスガール・スタイル

ボリュームのあるトッパーにチェック柄の細めのスラックス

ダッフルコートにスキーパンツの活動着、ショートブーツも好まれた

1960年発売の「だっこちゃん人形」が大ヒットし、社会現象となる

ハワイの民俗衣裳の〝ムームー〟が普段着として流行する

水玉ブラウスにサブリナパンツ、
手には流行のウクレレギター

シャツブラウスにショートパンツのリゾート着

全身ザイラーブラック、黒でまとめたフードつきヤッケ姿のスキーヤーが登場した

50年代後半からバイクが注目され、
ツーリングがファッションになった

トラペーズシルエットのミニスカートに
ニットの重ね着スタイル

タイト&ミニの60年代スタイル、
ストラップのパンプスも好まれた

花柄のプリントシャツに
細めのパンツのモッズスタイル

クルーカットにナロータイ、
タイトなスーツを着たアイビースタイル

ボタンダウンシャツとバミューダ、
小脇に抱えたのは「VAN」の袋

ナロータイにタイトシルエットの
アイビーのスーツ・スタイル

大きなズダ袋を抱えた
みゆき族の女性

ハンチングやタイ、ローファーなどの
小物までこだわるアイビールック

ベストとタータン柄のプリーツミニ、
ハイソックスのコーディネート

エナメルの白を使った近未来的なセットアップに
ブーツの組み合わせ

コケティッシュな雰囲気の
ミニ丈ジャンパースカートに流行のボブヘア

赤・青・白のトリコロール配色の
ミニ丈サックドレス・スタイル

オレンジのミニ丈ワンピースに
手袋と靴は黒でまとめたツートン配色

「クレージュ」風のライン入りノースリーブのサックドレス

レナウンの「イエイエ・ガール」風のビビッドカラーのニット・ドレス

スエットパーカにマドラスチェック柄パンツの
スポーツ・スタイル

ギンガムチェックのセットアップに
スリッポンシューズのリゾート着

スモーキーピンクの花柄アンサンブルに
ピンクのロングブーツ

肋骨飾りのついた
ミリタリー調コスチュームを着たＧＳスタイル

スカーフとお揃いのサテンブラウスは当時流行ったプッチ柄

サイケな多色使いのフラワープリント柄の
ミニ丈ニットワンピース

市松格子のミニ丈ツーピース、
幅の太めのヘアバンドでアクセント

幾何学柄を配したモノトーンのチューブドレス

モダンな千鳥格子柄のスーツ、ボブヘアも流行した

60年代に流行したシンプルなミニ丈のサックドレス

淡い花柄プリントのシャーベット・カラーが特徴的なワンピース

ミニプリーツのヒップボーンワンピースに当時流行ったキャスケット帽

1970's

73 年の第一次オイルショックにより、
資源枯渇、環境保護が
社会の関心を集め、
ファッションもフォークロアや
ビッグルックへと変化し、
アースカラーが流行した。
若い女性を対象とした雑誌「JJ」の
提唱するニュートラファッションが
主流となった。

男性の長髪が浸透し、
ユニセックスになったジーンズ・ファッション

ベルボトムジーンズにスラッパーヘアの
ヒッピー・スタイル

〝ロンゲット〟とよばれた丈の長いコート・スタイル

ウエストを絞ったロング丈のドレス・コート、ベレー帽も好まれた

テントラインのコート・ドレス、
足元はプラットフォームのシューズ

ニットブルゾンにパンタロン、
マフラーはだらりとかけるのが流行

ボルドーカラーのロングコートにパンタロンのコーディネート

紺のブレザーにミニ丈のプリーツスカートの
典型的なアイビールック

ポロシャツにトレーナー、
ミニスカートのカジュアルなハマトラ・スタイル

ジプシーのような雰囲気のある
マントとパンタロンの組み合わせ

ニットのポンチョにホットパンツ、
ロングブーツのコーディネート

ヒッピーの証、胸元の黄色のスマイルマークに
マルチストライプのパンツ
フォークロア調のマキシ丈の
エスカルゴスカートが大流行した

半袖のシャツ・ジャケットに
ショートパンツを合わせたマリン・ルック

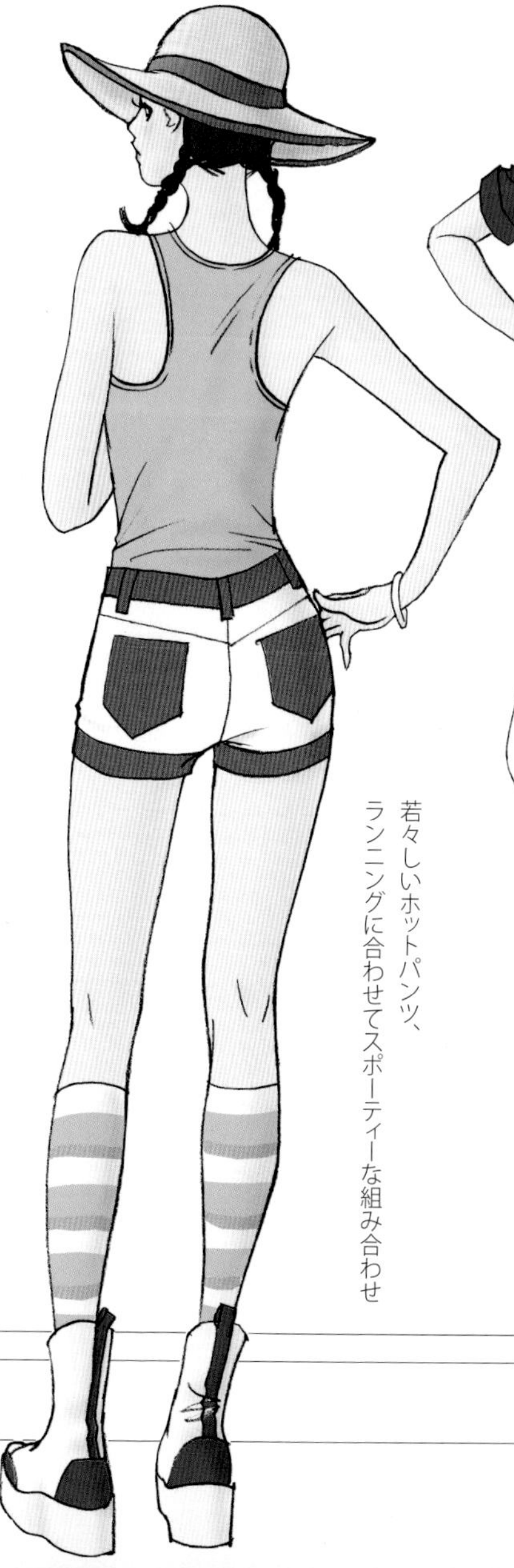

若々しいホットパンツ、
ランニングに合わせてスポーティーな組み合わせ

紺のブレザーにツイード素材のスカート、
大流行したロングブーツ

ニュートラでは、バッグやベルトに
海外ブランド品が用いられた

淡いトーンのコンサバティブな
ブラウス・スーツを着たニュートラ・スタイル

ボウタイのプリントワンピースに
カーディガンのニュートラ・スタイル

チェック柄のケープ付きコート・ドレス、
足元はロングブーツが人気

淡い色のマドラスチェックのフォークロア風ロング・ワンピース

マニッシュなテーラードのパンツスーツ、
パンツはバギーが好まれた

チュニックニットにフレアシルエットのパンツルック

ボリュームのあるロングシャツに
ロングスカートのビッグルック

ファー使いのハーフコートに
バギーパンツのフォークロア・スタイル

バルキーセーターにマフラーとお揃いの
チェック柄ロングスカート

当時流行ったオフタートルニットに
チェックのジャンパースカート

ボックス・シルエットのハーフコートに
ブロックチェックのスカート

ブラウスにベストを重ねた
シャツ・オン・ベストのレイヤード

ジャージ素材のセットアップ、
足元は黒のロングブーツ

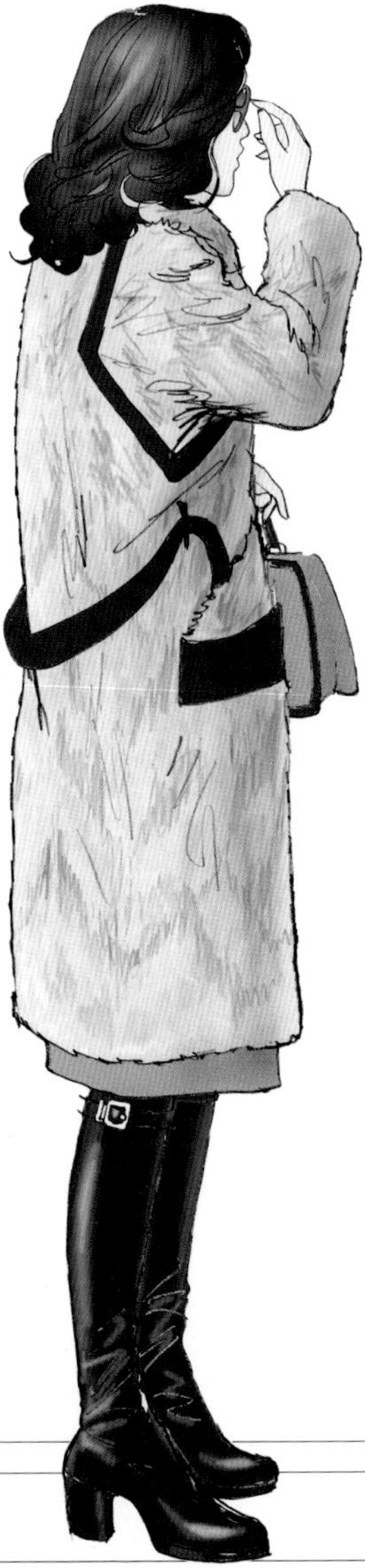

リッチなファー使いのコートをはじめ、ファーの人気も高かった

マオカラーのワンピース、
エキゾチックな中国調も好まれた

映画「サタデー・ナイト・フィーバー」風の
衿出しスーツ

チュニックシャツとパンタロンの重ね着に
コルク底のウェッジ・サンダル

70年代の半ばに流行した
ポリエステル素材のチュニック・スーツ

ホールターネック・トップで
素肌を露出させたサーファー・スタイル

チュニックブラウスにホットパンツ、
大流行した編み上げサンダル

アーミー・ルックの流行で
トレンチコートが注目された

ダブルのブレザージャケットにミニ、
足元は編み上げロングブーツ

ワーク・ファッションの流行の中でも
特に好まれたオーバーオール

ボーダーシャツにサスペンダーつきジーンズ、
厚底スニーカーも流行した

ヒッピーから広まった、つぎはぎ加工の
リフォーム・ジーンズ

思い思いのリフォーム・ジーンズ、シルエットはベルボトム

パッチポケットが特徴のアーミージャケットと
パンツのスーツ

反戦運動ムードから広まったアーミー・ルックは
女性にも支持された

デニム人気によりデニムのスーツも登場、
70年代らしい幅広のネクタイ

上下ひと続きのジャンプスーツは
70年代から広まったアイテム

アーミージャケットに
キャスケット帽のミリタリーファッション

ネルシャツにオーバーオール、
ダウンを合わせたワーク・スタイル

トップスのレイヤードに
ロールアップジーンズのフォークロア調

ワーク調人気により、
アーミーコートやワークブーツが好まれた

ポニーテールにサーキュラー・スカートの
フィフティーズのローラーファッション

シャツ・オン・ベストの重ね着にベルボトム、
足元はロンドンブーツ

鮮やかな赤のレタードシャツに
ロールアップして穿くブルージーンズ

特攻服に色とりどりの刺繍、
茶髪・剃り眉の暴走族スタイル

1980's

81年、川久保玲、山本耀司は
パリコレで黒一色のファッションを
発表して、世界のファッション界に
衝撃を与え、「カラス族」を生み出した。
また後半には
「ボディコンファッション」が登場し、
女性らしいファッションが復活した。

アメリカの西海岸をお手本にした
プレッピー風のポパイ少年

ワンポイントのトレーナーに
巻きスカートのハマトラ・スタイル

ブローしたヘアに小物は総て
ブランド品で固めた女子大生スタイル

ウエストをマークした
ワンピースを着たお嬢様スタイル

「メンズ・ビギ」など、メンズでもDCブランドのスーツが大流行した

肩パッドの大きなスーツ風のボディコンシャスなワンピース

ノーカラーの「シャネル」風スーツは
チェーンベルトがアクセント

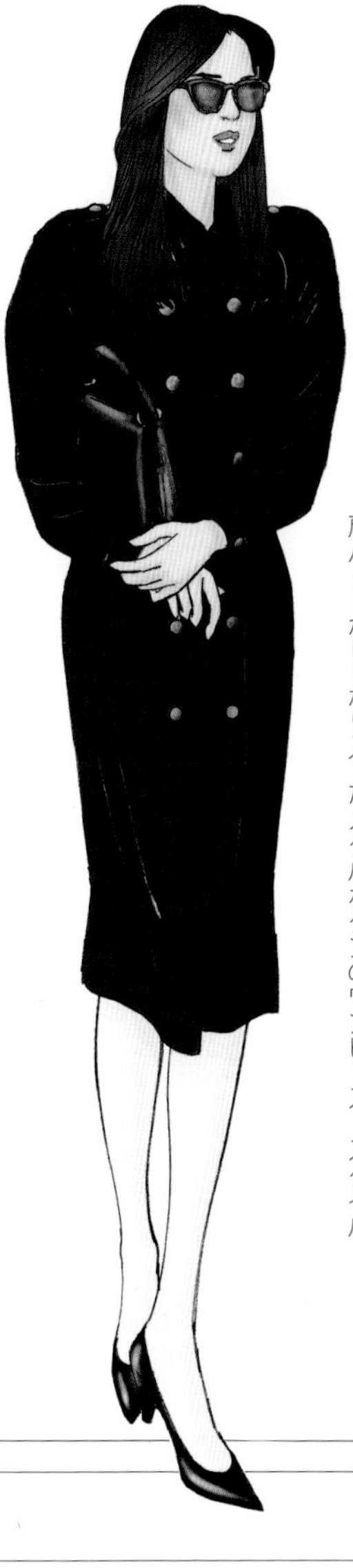

肩パッドがしっかり入ったメタルボタンのワンピース・スタイル

フロントファスナー使いのワンピース、
原色が好んで用いられた

大きな肩、絞ったウエスト、
ヒップの曲線を強調させたシルエット

ソバージュのロングヘアに
黒のボディコンシャスなワンピース

ワンレングスのヘアに
真っ赤なワンピースと
「ルイ・ヴィトン」のバッグ

セーラーカラートップとだぼっとしたパンツ、
尖らせたヘアも流行った

白いブラウスに黒ワンピースの重ね着、
ストラップシューズのＤＣスタイル

60年代に流行したモッズ・ルックが
再び80年代にリバイバルして登場

映画「トップガン」により
MA-1風ブルゾンが大流行

肩パッド入りのニットに
スカートのセットアップ

ボディコンシャスなニットにキュロットの
モノトーン・スタイル

原宿の歩行者天国で
集団でダンスに興じる竹の子族

色鮮やかな独特のサテンのつなぎ衣裳を着た竹の子族

ウエアも小物も全部黒で揃えた
当時の花形・カタカナ業界人風

カットソーに当時流行した
マーメイドスカートの組み合わせ

ビッグシルエットのデザイナーズ・スーツを着たカラス族

ストイックな雰囲気の
全身黒一色のカラス族のスタイル

サテンシャツにジャンパースカート、
ブローチ等の小物も好まれた

ボーダーシャツにＰコート、
バルーンスカートのマリン・ルック

ハーフコートにロングスカートの
ハウスマヌカン風スタイル

メンズライクなツイードのコートに
ロングスカートの組み合わせ

パステルカラーで揃えたオーバーシャツに肩かけニットとスカート

当時大流行したフロント結びのシャツ、スパッツも人気があった

セーラーカラーのブルゾンに
セーラー帽のマリン・ルック

紺白配色にボーダーなど、
ティーンに人気のあったマリン・ルック

「ピンクハウス」のワンピース、白いタイツを合わせるのが流行

全身赤一色で揃えた「ピンクハウス」風カントリー調スタイル

大きな衿のブラウスに水玉のロングスカートの
モノトーン・スタイル

セーラー衿ジャケットにレース使いのスカートの
ロマンティック・スタイル

大胆な花柄にコントラスト配色のレイヤード、
キッチュな小物がアクセント

対照色を合わせたポップな雰囲気の
ニューウェーブ・スタイル

ベレー帽にミニスカートの
リセンヌのようなおしゃまな「オリーブ」少女

ティーンに流行したパステルカラー、
お嬢様風のワンピースの着こなし

80年代末期に流行したブラウンカラーでまとめたコーディネート

エコロジーブームによるブラウン系のウエスタン調ファッション

パーカやスエットパンツなど、
原色のスポーツアイテムが
街着となった

人気ＤＣブランド
「パーソンズ」に代表される
スポーティーなスタイル

スポーツやアウトドアをミックスさせた
トラッドスタイルのプレッピー

80年代末期に大流行した紺のブレザーと
ジーンズの渋カジ・スタイル

衿を立てた白のポロシャツに
「エス・エー・エス」のショルダーを提げた渋カジ

サークルの仲間でオリジナルを作った
ロゴ入りスタジアムブルゾン

セーターを肩にかけたキャンパス・カジュアル、バッグはブランドのもの

1990's

80 年代後半に登場した
渋カジファッションは、
以後のストリートファッション隆盛の
先駆けとなった。
ファッション年齢も低下して、
中・高校生を中心とした
コギャル、ギャルなどの
斬新なストリートファッションが
ファッション全体をリードした。

大人っぽい渋カジでは
ムートンコートにミニのスタイルも支持された

ダウンジャケットにコーデュロイパンツ、
ブランドバッグがアクセント

大胆なボディコンシャスなワンピースに
トサカヘアのジュリアナ風お立ち台ギャル

肌の露出の多いワンショルダーのドレス、
羽の扇子を振りながら踊った

黒タートルにキャミソールワンピース、
エンジニアブーツの組み合わせ

タイニージャケットにミニワンピース、
ベレー帽の人気も高かった

ニットにチェック柄スカート、
乗馬ブーツのナチュラルなスタイル

シックなグレーを基調とした
90年代初頭のフレカジ・スタイル

ショート丈のブルゾンに
ヒップハングのミニを合わせたヘソ出しスタイル

チビTにブリーチデニムのミニで
健康的な脚を出したコギャル・スタイル

チェックのミニプリーツスカートに
ルーズソックスの女子高生スタイル

女子高生の制服も紺ブレ人気により
ブレザータイプが圧倒的に増えた

シャネルピンクのミニ丈スーツの〝シャネラー〟、バックスタイルが特徴

「シャネル」のバッグの中でも特にリュックタイプがもてはやされた

ロゴ入りトレーナーをメインに、
モノトーンのスポーティー・スタイル

ニューヨーク発キャリアブランドの
ロゴ入りTシャツが大人気となる

チアガール風のチェック柄ミニに
大流行した厚底ブーツのコギャル・スタイル

ギャルに好まれたカラーダッフル、
ミニ＋ルーズソックス＋ワラビーが基本

細身のスタジアム・ブルゾンに
タイトミニ、ストレッチブーツの組み合わせ

パステルカラーのミニ丈ドレスが
60年代調のマルキュー（109）ファッション

ネオンカラーの配色が鮮やかなパーカと
サブリナパンツの組み合わせ

60年代調ミニワンピースに金髪ヘアで
バギーを押すギャルママ

日焼けした素肌に隈取りメイク、
リゾート・スタイルのヤマンバ・ギャル

男の子っぽいスポーツアイテムを着用した
ボーイズ系スタイルが好まれた

Gジャンにスエット、
スニーカーを履いた
スケーター・スタイル

90年代のスタンダード、パーカにリュックのカジュアル・スタイル

90年代初頭に大流行したフリース、「ユニクロ」で50色も展開された

レトロなプリントシャツに
七分袖ジャケットの古着にジーンズの組み合わせ

ジャージにスカート、ジーンズを重ねた
ユニークなレイヤード・スタイル

スポーティーなジップアップに
キュートなスカートでテイスト・ミックス

ウエア、ヘア共に蛍光色で統一させた、
サイバー系コスプレ・スタイル

レザージャケットにボンデージパンツ、
モヒカンヘアのパンク・スタイル

COMEUPKIDS.COM
BSB
BROKESBOUJEE
JAMIEMARX.COM

「卓矢エンジェル」のブランドできめた和服調がユニークな〝エンジェラー〟

フリルやレースを多用した全身黒のゴシック調ロリータ・ファッション

茶系のツィードのコートに
ベルボトムジーンズの70年代リバイバル

ビンテージ風にウォッシュアウト加工を施した
こだわりのデニム

ダークトーンの更紗柄スカートに
パイレーツ巻きのボヘミアン・スタイル

チュニックにパンツのレイヤードに
ストールを巻いたエスニック・スタイル

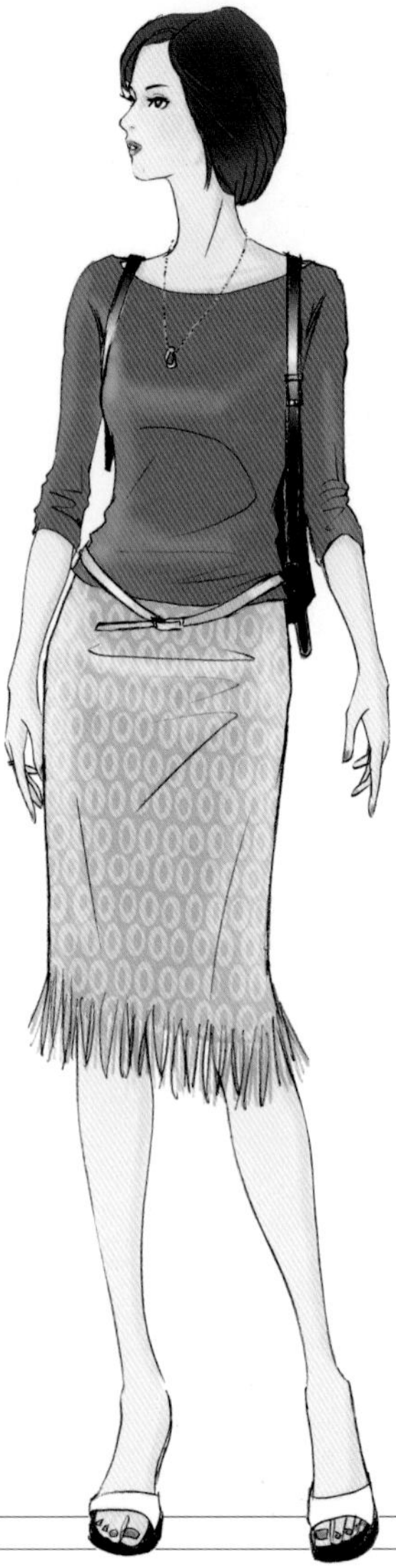

バック・トゥ・カラーにより、
鮮やかなピンク色が人気を集めた

人気歌手・浜崎あゆみのトレードマークの豹柄を着た
金髪の〝あゆラー〟

「ルイ・ヴィトン」のバッグを持った〝ヴィトナー〟の女性

ムートンにミニ、ロングブーツのワイルド＆セクシーな〝ジャネラー〟

70年代調の幾何柄ブラウスがアクセントの
キャリアルック

キャリア・ファッションでは
スマートなパンツルックが人気を集めた

2000's

新世紀を迎え、若者たちは
「かわいい」をキーワードにした
セレブファッションへの憧れをもち始めた。
海外のスーパーブランドを取り入れたり、
名古屋嬢、神戸エレガンスなどの
お嬢さまファッションへ傾斜していった。

「アルバ・ローザ」で身をかためてセンター街に出没した
その名も〝センターGUY〟

着ぐるみパジャマを渋谷の街で着る
〝着ぐるみん〟のギャルが出現

ショート丈ジャケットにジーンズの組み合わせ、
ジーンズ人気が続いた

ファージャケットにジーンズを合わせた
セレブ・カジュアル

前で結んだシャツにホットパンツで
全身惜しげもなく露出したスタイル

サッカーのワールドカップで
サムライブルーのウエアを着たサポーター

セクシーなブラ・トップにジーンズの
クール な大人系ギャル

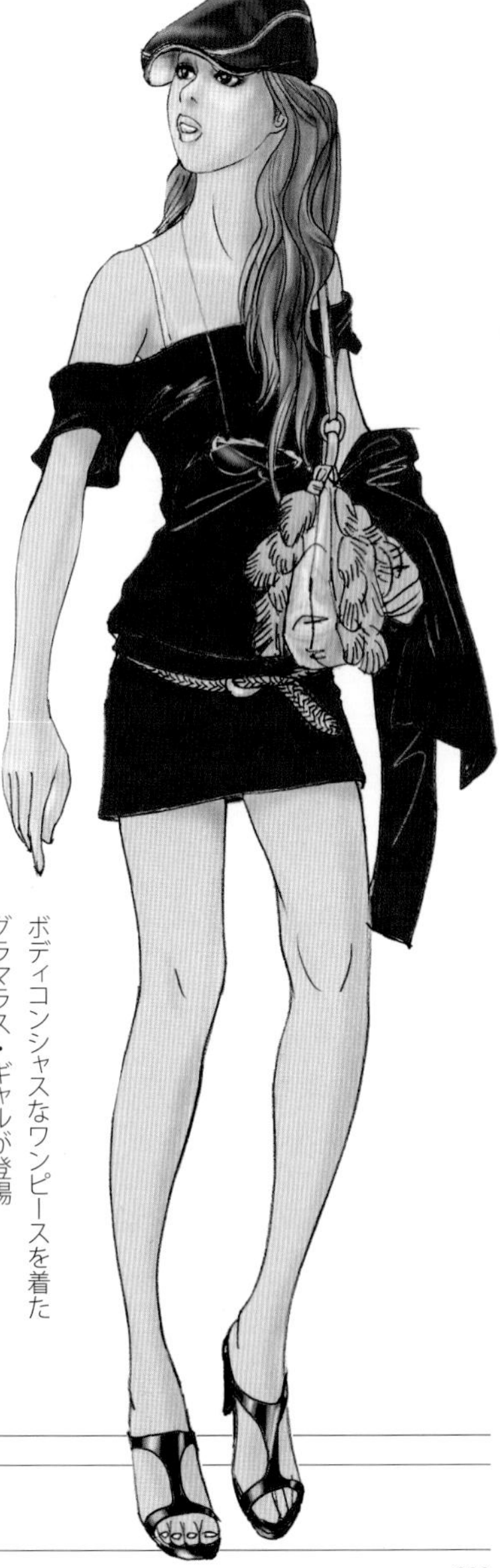

ボディコンシャスなワンピースを着た
グラマラス・ギャルが登場

フェミニン・スタイルの流行により
2000年に大流行したピンク

ミニ丈ワンピースにショートコートの
キュートなコンサバ・ルック

安室奈美恵から火がついた
「バーバリー・ブルーレーベル」のプリーツミニ

ミニスカートが大流行し、
ゲートルなどのレッグ・ウエアが充実した

カジュアルな着こなしの似合う
40代以上の男性も増えた

イタリアン・カジュアルを
スマートに着こなした〝ちょいワルオヤジ〟

ショートジャケットにパンツ、サングラスをしたセレブ・カジュアル

ショート丈トレンチコートに美脚パンツのキャリア・カジュアル

ブルゾンにクライムパンツ、
足元はスニーカーのエクストリーム系

迷彩柄のミリタリーブルゾンに
本格仕様のリュックを背負った裏原系スタイル

バスケットのユニフォームをだぼっと着こなすスポーツ・スタイル

アメフトTシャツにルーズなジーンズ、ドレッドヘアがポイント

わざとヤスリで擦ったり、
穴を開けたダメージ・ジーンズが好まれた

普通のジーンズよりずっと高価な
プレミアム・ジーンズが大流行

スカート・オン・パンツのユニークなレイヤードが大流行した

タンクトップにカーディガン、カーゴパンツのリラックスした重ね着

おそろいのアロハシャツを着た子犬、
ペットを連れ出すのもブームに

折り畳み式自転車が流行し、
衣服だけでなく乗り物もおしゃれになった

アメフトTシャツにコットンパンツ、
バイクのヘルメットもアクセサリーがわり

シンプルなタンクトップにジーンズ、
ポイントは腕のタトゥー

映画「下妻物語」人気による
ロリータ・ルックが拡大

レースのブラウスやスカートによる、
ロマンティック・フォークロア

中折れ帽に細身のパンツ、
赤×黒のコントラストの効いたネオ・モッズ

モダンジャズ風のフィフティーズ、
音楽由来のスタイルがさかんに

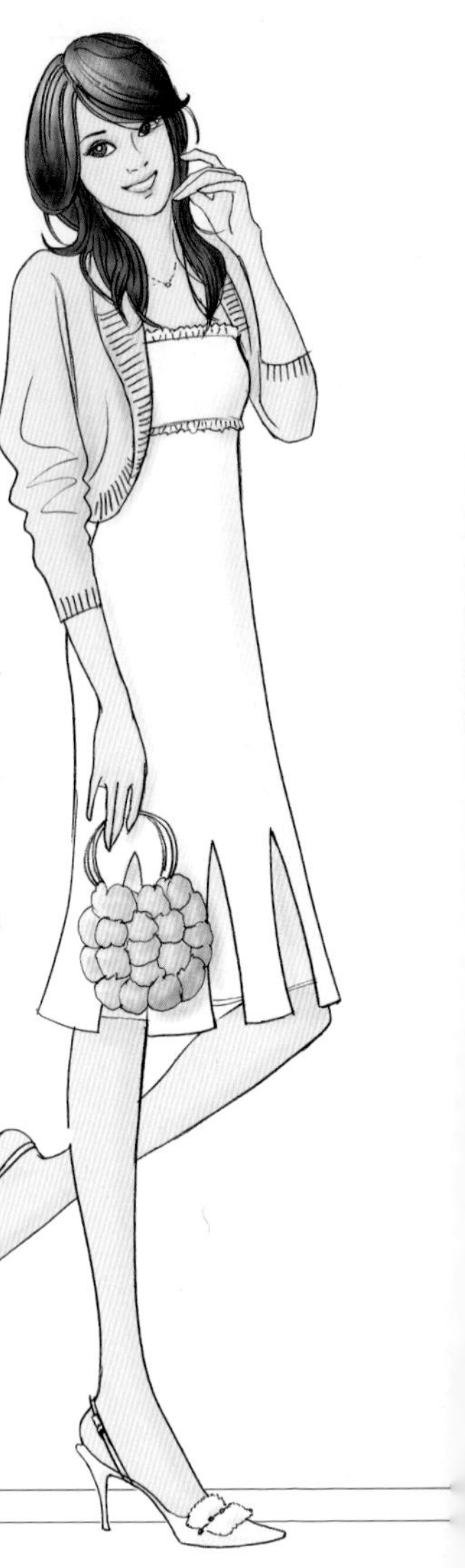

白いワンピースにボレロを羽織った
フェミニンなエビちゃん系

クールでワイルドな雰囲気を好む女性に
支持を集めたもえちゃん系

ニットアンサンブルにティアードミニ姿の
キュートな神戸エレガンス系

コンサバ・ラグジュアリーな雰囲気に
自慢の巻き毛がポイントの名古屋嬢

細身のミリタリージャケットにジーンズのお姉系スタイル

レザーのジャケットに
プレミアム・ジーンズを穿いたお兄系スタイル

ガソリンスタンドの制服風のつなぎを着たワーク・ウエア

アーミージャケットの人気で
ミリタリー・スタイルがリバイバルした

マンガから火がついたパンキッシュな「ＮＡＮＡ」ファッション

ラスタカラーのビキニにマイクロミニで
肌を露出させたBガール

黒人のヒップホップ・スタイルに憧れる
Bボーイのスタイル

スキーからスノーボードに人気が移り、ボーダー・ファッションも注目された

花火大会などの夏祭りに浴衣を着て楽しむ
カップルが目立つようになった

銘仙風着物に男物羽織りとハンチングで
レトロ&マニッシュな着物姿

日本の流行色一覧

○マンセル記号は、色の３属性（色相、明度、彩度）を表示し、産業分野の色の表示に用いられるシステムで、本書ではカラーサンプルの枠内に記しています。「3GY　6/1.5」の表記は、左から色相、明度、彩度を表わしているものです。色見本を測色して表示しておりますが、各色名の色域は広く、許容範囲が絶対的なものではありませんので、ここに表記したマンセル値はひとつの目安と思って下さい。また色見本も印刷により多少の誤差を生ずることもご承知おき下さい。

○本書に記載した色名は、著者独自の判断により記載したものもあり、これも絶対的色名ではありません。

1868年-1912年〈明治時代〉の流行色

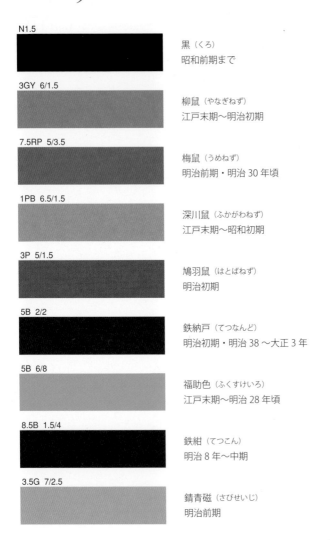

N1.5

黒（くろ）
昭和前期まで

3GY 6/1.5

柳鼠（やなぎねず）
江戸末期〜明治初期

7.5RP 5/3.5

梅鼠（うめねず）
明治前期・明治 30 年頃

1PB 6.5/1.5

深川鼠（ふかがわねず）
江戸末期〜昭和初期

3P 5/1.5

鳩羽鼠（はとばねず）
明治初期

5B 2/2

鉄納戸（てつなんど）
明治初期・明治 38 〜大正 3 年

5B 6/8

福助色（ふくすけいろ）
江戸末期〜明治 28 年頃

8.5B 1.5/4

鉄紺（てつこん）
明治 8 年〜中期

3.5G 7/2.5

錆青磁（さびせいじ）
明治前期

5R 5/2

桜鼠（さくらねず）
明治 24 ～ 30 年

1PB 4.5/2.5

藍鼠（あいねず）
明治中期～昭和前期

0.5G 5/1.5

利休鼠（りきゅうねず）
明治中期

7R 2.5/6

海老茶（えびちゃ）
明治中期～大正

3.5R 3/9.5

臙脂色（えんじいろ）
明治中期

5.5B 3/5

納戸色（なんどいろ）
明治中期

10G 5/4

お召茶（おめしちゃ）
明治 21 年～中期

6RP 4/7

梅紫（うめむらさき）
明治中期

9.5PB 2/3

紫紺鼠（しこんねず）
明治 28 ～ 29 年

0.5P 6/3.5

藤鼠（ふじねず）／新駒色（しんこまいろ）
明治中期・明治 30 年

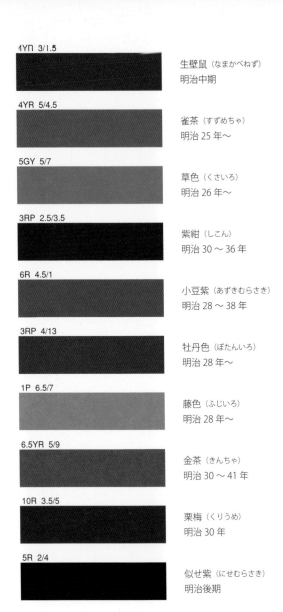

4YR 3/1.5

生壁鼠（なまかべねず）
明治中期

4YR 5/4.5

雀茶（すずめちゃ）
明治 25 年～

5GY 5/7

草色（くさいろ）
明治 26 年～

3RP 2.5/3.5

紫紺（しこん）
明治 30 ～ 36 年

6R 4.5/1

小豆紫（あずきむらさき）
明治 28 ～ 38 年

3RP 4/13

牡丹色（ぼたんいろ）
明治 28 年～

1P 6.5/7

藤色（ふじいろ）
明治 28 年～

6.5YR 5/9

金茶（きんちゃ）
明治 30 ～ 41 年

10R 3.5/5

栗梅（くりうめ）
明治 30 年

5R 2/4

似せ紫（にせむらさき）
明治後期

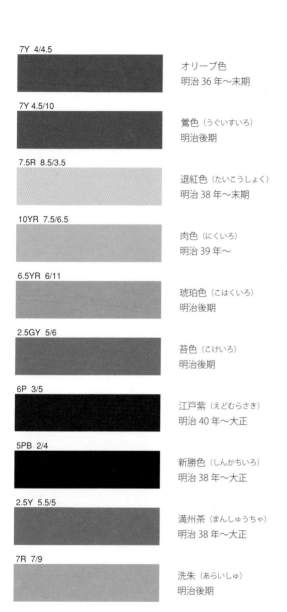

7Y 4/4.5

オリーブ色
明治 36 年〜末期

7Y 4.5/10

鶯色（うぐいすいろ）
明治後期

7.5R 8.5/3.5

退紅色（たいこうしょく）
明治 38 年〜末期

10YR 7.5/6.5

肉色（にくいろ）
明治 39 年〜

6.5YR 6/11

琥珀色（こはくいろ）
明治後期

2.5GY 5/6

苔色（こけいろ）
明治後期

6P 3/5

江戸紫（えどむらさき）
明治 40 年〜大正

5PB 2/4

新勝色（しんかちいろ）
明治 38 年〜大正

2.5Y 5.5/5

満州茶（まんしゅうちゃ）
明治 38 年〜大正

7R 7/9

洗朱（あらいしゅ）
明治後期

4B 6.5/7

新橋色（しんばしいろ）／金春色（こんぱるいろ）
明治末期～大正

1912年-1926年〈大正時代〉の流行色

10YR 4/1.5

鈍色（にびいろ）
大正初期

9.5R 6.5/6

薄曙色（うすあけぼのいろ）
大正３～10年

6R 6/7

長春色（ちょうしゅんいろ）
大正前期

1P 6.5/7

藤色（ふじいろ）
大正前期～中期

2Y 7.5/11

鬱金色（うこんいろ）
大正中期

3.5R 3/9.5

臙脂色（えんじいろ）
大正５年～

8.5P 4.5/5

紫色（むらさきいろ）
大正中期～昭和初期

5G 7/8

大正緑（たいしょうみどり）
大正中期～後期

1926年-1945年〈昭和前期〉の流行色

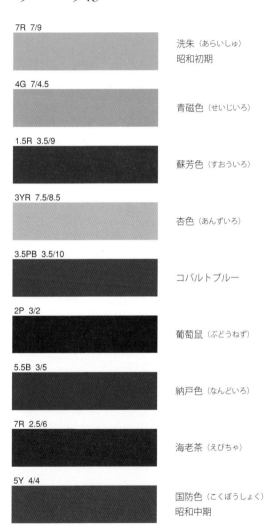

7R 7/9

洗朱（あらいしゅ）
昭和初期

4G 7/4.5

青磁色（せいじいろ）

1.5R 3.5/9

蘇芳色（すおういろ）

3YR 7.5/8.5

杏色（あんずいろ）

3.5PB 3.5/10

コバルトブルー

2P 3/2

葡萄鼠（ぶどうねず）

5.5B 3/5

納戸色（なんどいろ）

7R 2.5/6

海老茶（えびちゃ）

5Y 4/4

国防色（こくぼうしょく）
昭和中期

1940年代後半〈昭和21年〜24年〉の流行色

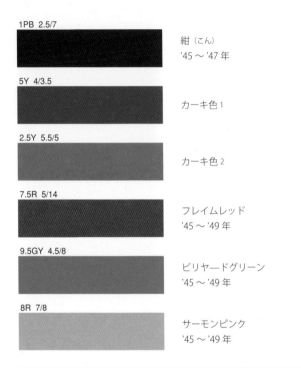

1PB 2.5/7

紺（こん）
'45〜'47年

5Y 4/3.5

カーキ色1

2.5Y 5.5/5

カーキ色2

7.5R 5/14

フレイムレッド
'45〜'49年

9.5GY 4.5/8

ビリヤードグリーン
'45〜'49年

8R 7/8

サーモンピンク
'45〜'49年

1950年代〈昭和25年〜34年〉の流行色

6.3R 4.3/14.6

赤（あか）
'51〜'54年

N1.5

黒（くろ）
'51〜'54年

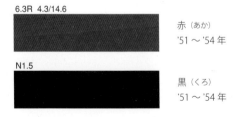

5GY 8/8

アシッドイエローグリーン

5Y 8/8

アシッドレモン

ビタミンカラー（VC）
'53～'57年

10BG 6/8

モーニングスターブルー
'58年

3.5P 5.5/9

藤紫（ふじむらさき）

5GY 6/8.5

萌黄色（もえぎいろ）

5R 4/12

紅色（べにいろ）

慶祝カラー
'59年

N1.5

ザイラーブラック
'59～'60年

5P 3/1 10RP 7/8

チャコールグレー＋ピンク
'59～'60年

1960年代〈昭和35年～44年〉の流行色

7RP 8/4.5

チェリーシャーベット

シャーベットトーン
'62年

7.5B 8/3.5	アイスブルー	シャーベットトーン '62年
8Y 9/7	レモンシャーベット	
4G 8/3.5	アイスグリーン	
5R 4/13.5	アイビーレッド	アイビーカラー '64～'69年
6.5G 3.5/8	アイビーグリーン	
N8	アイビーホワイト	
6.5PB 3/4.5	紺（こん）	トリコロール '65年
N8	白（しろ）	
6.5R 4.5/14.5	赤（あか）	
10RP 6/4	ビビッドパープル	ピーコック革命 '67～'69年

5R 7/8	ローズピンク	ピーコック革命 '67 ～ '69 年
6.5PB 3/14.5	ビビッドブルー	
6.5R 4.5/14.5	ビビッドレッド	サイケデリックカラー '68 ～ '69 年
10R 6/12	ビビッドオレンジ	
2Y 8/13	ビビッドイエロー	
10GY 5.5/9.5	ビビッドグリーン	
4.5R 4/14	メキシカンレッド	メキシカンカラー '68 年
6.5R 4/9.5	メキシカンブラウン	
2.5YR 7/10.5	メキシカンオレンジ	
3.5PB 4.5/9.5	メキシカンブルー	

1970年代〈昭和45年～54年〉の流行色

5YR 7/2	ペールブラウン1	ナチュラルカラー '70～'75年
5YR 8/2	ペールブラウン2	
5Y 8/2	ペールベージュ	
10B 4/8	インディゴブルー	インディゴブルー '70年～
5B 5/8	インディゴブルー	
5B 7/4	フェイデッドブルー	
5YR 2/2	アースブラウン1	アースカラー '73～'76年
5YR 4/4	アースブラウン2	
5YR 7/4	アースブラウン3	

2.5Y 5.5/5	カーキ	アーミーサファリ ’75～’76年
7Y 4/4.5	オリーブ	
9B 7/6.5	パステルブルー	ニュートラ・ハマトラ ’79～’82年
2R 7.5/7	ペールピンク	
N8	ホワイト	

1980年代〈昭和55年～64年（平成元年）〉の流行色

7.5R 8.5/3.5	ペールピンク	パステルカラー ’82～’85年
10GY 8.5/2	ペールグリーン	
7.5B 8/3.5	ペールブルー	
2Y 8.5/3.5	ペールイエロー	

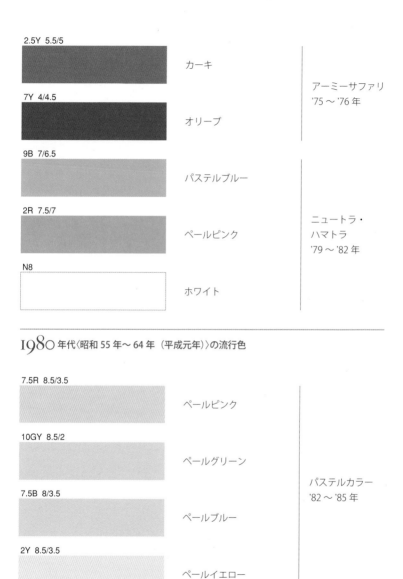

N1.5	ブラック	モノトーン '83 〜 '88 年
N4	グレイ	
N8	ホワイト	
3R 7/8	ペールピンク	パステルカラー '85 〜 '87 年
1.5PB 7/5.5	ペールアクア	
9GY 8/3.5	ペールグリーン	
5.5R 5/13.5	ビビッドレッド	ボディコンカラー '85 〜 '87 年
3G 5/8.5	ビビッドグリーン	
7PB 2.5/11.5	ビビッドパープル	
9YR 3/3	アースブラウン 1	エコロジーカラー '88 〜 '89 年

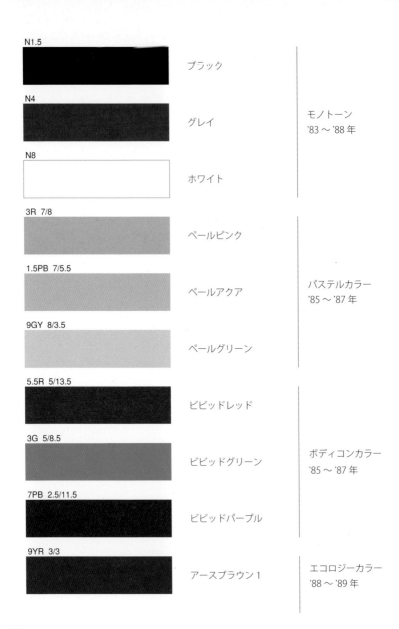

7.5YR 5/4.5	アースブラウン 2	エコロジーカラー '88 〜 '89 年
8YR 6/4.5	アースブラウン 3	
1PB 4.5/10	コズミックブルー	

1990 年代〈平成 2 年〜 11 年〉の流行色

5PB 3/8	ネービーブルー	渋カジ・紺ブレ '91 年〜
N1.5	ブラック	モノトーン '92 〜 '94 年
N5	グレイ	
1YR 3/3	チョコレートブラウン	
2YR 6/12	ビビッドオレンジ	アシッドカラー '96 〜 '99 年

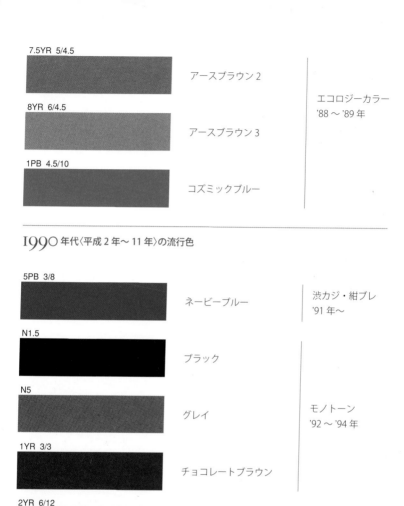

2000 年代〈平成 12 年〜〉の流行色

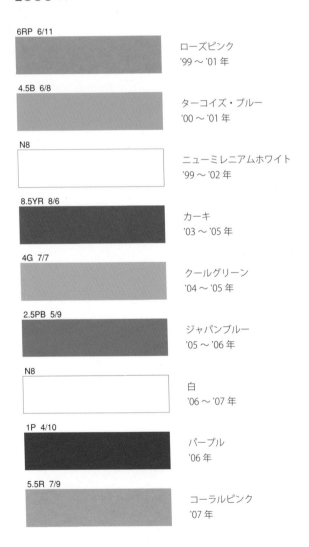

6RP 6/11

ローズピンク
'99 〜 '01 年

4.5B 6/8

ターコイズ・ブルー
'00 〜 '01 年

N8

ニューミレニアムホワイト
'99 〜 '02 年

8.5YR 8/6

カーキ
'03 〜 '05 年

4G 7/7

クールグリーン
'04 〜 '05 年

2.5PB 5/9

ジャパンブルー
'05 〜 '06 年

N8

白
'06 〜 '07 年

1P 4/10

パープル
'06 年

5.5R 7/9

コーラルピンク
'07 年

日本の流行色
解説

1868年-1912年〈明治時代〉の流行色

明治維新の文明開化とともに、西洋文明の波が押し寄せた。洋髪や、靴の着用とともに、男性たちは黒の背広を着用していたが、女性たちの着物には江戸時代の名残が充分に残っていた。その色彩は、柳鼠、梅鼠、鳩羽鼠、深川鼠、利休鼠などの江戸以来の伝統的な鼠色が引き続いて流行した。これらの鼠色を見ると、江戸時代の代表的な色である紫がかった鼠が流行していたと思われる。また鉄納戸、錆青磁、桜鼠、藍鼠なども流行色となった。さらに江戸末期から、明治中期まで、歌舞伎役者に由来する福助色が中年以上の婦人に好まれ、流行した。

1882年（明治15)、明治政府は、西欧列強に伍すために、「鹿鳴館」を舞台にして、バッスルスタイルの洋装の女性たちが、外国高官の接待をした。その色彩といえば、藤色、外来色のローズ・ピンクやクリーム色、くすんだ緑、黒、淡い紫、茶色のバッスルスタイルであり、藤色を中心に青、水色、ローズ・ピンクなどのドレスが多かったように見うけられる。

①文明の色　黒

文明開化によって導入されたものは、鉄製の巨大な文明の利器であった。黒船を始として、蒸気機関車、汽車、馬車、自動車、人力車、黒い郵便ポスト、黒い礼服、黒い山高帽、黒の短靴、万年筆、黒鉛筆、黒塗りの家具やピアノなどなど。黒は西洋文明の圧倒的パワーの象徴であった。警察官の黒の制服、博士や大学教授の黒のケープマント、学生たちの黒の詰襟、黒のとんび、電車の運転手、牛乳配達人などの黒の制服など、黒は明治維新を特徴づける流行色となった。

②女性のハイカラ―女学生

明治時代は、女子教育が一気に花開いた時代である。1872年（明治5）の東京女学校の開校を皮切りに、明治8年には跡見女学校、同18年に華族女学校（現在の学習院女子部）、同19年共立職業学校、同32年には実践女学校、さらに同41年に大妻コダカ塾などが創立されている。特に1885年（明治18）華族女学校が設立されたとき、校長の下田歌子が、従来の男袴では礼節を欠き、高貴の御前では不敬に当たると考え、海老茶袴を作り、これが多くの女学校の制服に採用されると、海老茶色は流行色となった。また私立の跡見女学校では、紫色の袴を採用したため、紫も女学生のトレードマークとなった。

③日清・日露後の色彩

明治中頃には、女性の着物が復活し、その流行色は梅紫、草色、紫紺鼠、藤鼠、お召鼠、小豆紫などであり、特に草色は最も好まれた色である。また藤鼠は新駒色といって、歌舞伎の舞台で女形の役者に用いられた色として人気を集めたが、次第に花柳界の芸妓の着物の色となり、果ては上流階級にまで普及していった。特に新橋芸者の着物の色であった新橋色（金春色）も、次第に上流社会のご婦人にも好まれるようになった。そして日清戦争以後、小豆紫が新しく登場して、日露戦争まで流行した。さらに日清、日露の戦勝を祈念して新勝色や紫紺、江戸紫などの青紫系が人気を集めた。

明治後半の婦人たちの着物でも、鼠色の流行が続き、藍鼠、利休鼠、紫紺鼠、千歳鼠、芝翫鼠が流行した。また化学染料の発達などにより、牡丹色、琥珀色、退紅色、肉色、洗朱などの赤、黄赤系の明るい色も登場し、流行色となった。

1912年-1926年〈大正時代〉の流行色

日清、日露の戦勝や第一次世界大戦後の経済的好景気により、建築、自動車、繊維産業を始として、都市化が進み、未曾有の経済的な発展を遂げた。また政治的な大正デモクラシーを背景にして、大正ロマンの香り漂う「白樺派」などの新感覚の文学や築地小劇場や新劇などの演劇が登場した。このような社会的気分を反映して大正緑や平和色といわれる緑色や、新勝色の紫みの青、臙脂色などが流行色となった。

また竹久夢二、高畠華宵、蕗谷虹児などの作家たちは、時代の心情を的確にとらえて、人気を博したが、夢二の描く叙情的な女性像に影響を受けた、白と黒、鼠色の縞模様の着物や、退廃的な薫りをたたえる薄曙色、長春色、藤色などの中間色が流行した。また華宵の描く洋装により、オレンジ色や紫色が流行するが、'23年（大正12）に関東大震災が勃発し、東京は壊滅的な破壊を受け、これを契機に未曾有の経済不況に突入して、不景気色である「うこん色」などの黄系が流行色となる。

1926年-1945年〈昭和前期〉の流行色

'29年（昭和4）以降は世界的金融恐慌・不況時代の中で、震災後の銀座には、赤や黄色、オレンジ色のネオンが輝き、街を闊歩するモボ・モガの青い背広、白いギャルソンヌルックなどが流行した。しかし、女性では大正以来の銘仙などの着物が圧倒的に多く、葡萄鼠、納戸色、海老茶などの江戸伝統の色が復活するとともに、新しく洗朱、青磁色、杏色、紫、金泥色、コバルトブルーなどが流行した。しかし忍び寄る軍国ムードを反映して、利那的な享楽を走り、エロ、グロ、ナンセンスがもて囃され、赤、黒、緑、黄などのどぎつい色が多くなってくる。一方、「贅沢は敵だ」の標語のもと、黒、灰色などのモノトーンカラーが主流になってくる。特に'37年（昭和12）の中華事変を境にして、一気に戦時体制に突入していくと、政府は国民の戦意高揚、団結心の強化を意図して、'40年（昭和15）に「国民服令」を公布して、衣服の統一化を図った。男性に対しては、国民服を制定したが、その色は、軍人、兵士と同様なカーキ色（国防色ともいう）に定めた。一方、女性に関しても、政府は「婦人標準服」の制定を進めたが、女性の場合は、日常着に限定して、制服化せず、上半身は着物、下半身はモンペやズボンを着用した。色彩の指定も無かったが、その殆どは紺絣の着物地を転用したものが多かった。極端に言えば、戦争中はカーキ色と紺の時代といわれた所以である。

1940年代後半〈昭和21年～24年〉の流行色

'45年（昭和20）8月15日、日本は終戦を迎えた。アメリカ軍を中心とした戦勝国の軍人、兵士たちが進駐し、カーキ色のジープが街を走る中で、街には戦中の面影が濃く残っており、汚れたカーキ色の軍服を着た復員兵、国防服を着た男性、紺の木綿絣のモンペを着た女性、ボロを着たままの浮浪児たちに溢れていた。復員兵は、カーキ色の復員服で職場に赴き、女性たちは、着物を仕立て直した絣のワンピースかブラウスを着て、子どもたちは、つぎはぎだらけの服で学校に通った。

間もなく、進駐軍の兵士と腕を組んで街を闊歩する街娼たちの派手なアメリカン・ファッションが登場した。彼女たちの原色の赤やオレンジ色、黄色のワンピース、パーマネントに絹のスカーフ、真っ赤なマニキュアと口紅、濃い緑色のアイシャドーなどの派手なファッションに影響された服装が、最初の流行となった。原色調のフレイム・レッドとビリヤードグリーン、次いでサーモンピンクが流行した。

1950年代〈昭和25年～34年〉の流行色

'50年（昭和25）、朝鮮戦争が勃発し、わが国に「ガチャ万」と言われる特需景気をもたらした。'53年には、柑橘類の色であるVC（ビタミンカラー）が人気を集めた。人々の生活にも経済的なゆとりができると、人々の憧れの対象となったのは当時、野球と並ぶ娯楽であった映画だった。特にファッションのお手本になったのは、外国映画のヒーローやヒロインたちが演ずる華やかで魅力的なシネモードであった。'50年（昭和25）に封切られたイギリス映画の「赤い靴」を始めとして、フランス映画の「赤と黒」、アメリカ映画の「風と共に去りぬ」などが大ヒットすると、赤い靴や赤のドレス、黒い靴などが流行した。また日本映画の「君の名は」から、真知子巻きが流行し、シネモードの流行に拍車をかけた。さらにアメリカ映画の「哀愁」、「カサブランカ」などによって'40年代ファッションやトレンチコートが大流行することとなった。さらに'58年には、アメリカ映画「初恋」のヒロインの名に因んだモーニングスター・ブルーが流行し、'59年にはオリンピック・スキーヤーのトニー・ザイラーが主演した「黒い稲妻」からの黒のアノラックの色ザイラーブラックや、黒のだっこちゃんブームとともに、黒が流行色となった。また、'59年には当時の皇太子殿下と美智子妃の結婚を祝して、慶祝カラーの藤色、萌黄、紅、瑠璃色が街を彩った。またこの年、チャコールグレーとローズピンクのツートンカラーが大ヒットした。

1960年代〈昭和35年〜44年〉の流行色

'56年（昭和31）は、「もはや戦後ではない」と経済白書で謳われたように、神武景気の高度成長を迎えた。この高度経済成長を背景に、流行色が企業の販売促進の重要なファクターと考えられ、合繊メーカーやデパート、化粧品メーカー主導のカラーキャンペーンが展開された。'61年（昭和36）には、資生堂、マックスファクターなどの化粧品メーカー、三越、高島屋などの百貨店を中心に、「ローマンピンク」、「イタリアンブルー」、「メディタレニアンブルー」などのカラーキャンペーンが盛んに行われた。そして'62年（昭和37）、㈳日本流行色協会提案のシャーベット・トーン（冷菓のシャーベットのように甘く冷たい感触のペール・ピンク、ペール・グリーン、ペール・ブルーなどの、いわゆるパステルカラー）を中心にして、東洋レーヨン、資生堂、東芝、伊勢丹、西武百貨店、お菓子の不二家などを中心として、異業種合同の大型カラーコンビナート・キャンペーンが展開され、当時の調査では知名度96.9%という記録的な大ヒットとなった。このことは単色だけでなく、パステルトーンという色調への認識を深めさせることになった。

’64年（昭和39）には、東京オリンピックが開催され、東海道新幹線が開通し、高度経済成長も頂点に達した。また戦後生まれの団塊の世代といわれる若者たちが、新しい文化を担うようになり、若者ファッションを中心とした新しい文化が誕生した。石津謙介が提唱するアイビールックが流行し、レッド、ホワイト、グリーンなどのアイビーカラーが街に現われた。また’67年（昭和42）には、メンズシャツのカラー化を標榜した「ピーコック革命」が注目された。またパリのオートクチュールでクレージュが発表した白いミニスカートやミニドレス、イヴ・サンローランの黄、青、赤のモンドリアンルック、ピエール・カルダンのコスモコールルックなどミニで原色調の、いわゆるトリコロールカラーが大流行した。さらに’67～’69年にはLSDなどの麻薬の幻覚から引き起こされるようなサイケデリックカラーがポスター、イラストやプリント柄で流行し、蛍光色がファッションのみならずインテリアやプロダクトにも氾濫した。

’68年はメキシコオリンピックの年。この大イベントに合わせるかのように、メキシコの大地の色や、海の色のメキシカンカラーが人気となった。

1970年代〈昭和45年～54年〉の流行色

’73年（昭和48）、日本は第1次オイルショックに見舞われ、高度経済成長が終焉した。このオイルショックの発生は、生活者間に反公害からの環境保護、自然志向の意識を芽生えさせる決定的な契機となった。それまでの「消費は美徳」という意識から一転して、「質素革命」、「チープシック」の考え方をもたらした。

'70年代初頭にはベトナム戦争に反対するアメリカにおけるヒッピーたちの影響を受け、長髪、バンダナ、ジーンズなどのヒッピールックが流行、特にブルージーンズのブルーは、以後、若者たちの定番色として定着していく。

'70年代のファッションは、「KENZO」、「ピエール・カルダン」、「イヴ・サンローラン」を中心にして、アフリカ、ルーマニア、ロシア、インド、中国などのフォークロアルックが次々と発表され、民族の風土の色であるブラウン、サンドベージュ、ベージュなどの自然の色であるナチュラルカラーが主流となった。これらの色は、地球の色であるところから、別にアースカラーと呼ばれた。アースカラーの仲間には、前述した土色であるブラウン系や砂色であるベージュなどの他、サファリカラー、アーミーカラーとも呼ばれるカーキやオリーブまでが含まれた。これらの色は、若者たちのファッションばかりでなく、生活用品全般に普及した。'75年に創刊された雑誌「JJ」が紹介するニュートラ、ハマトラが女子大生を中心にブームとなり、そのファッションのカラーであるホワイトや、綺麗なパステル調の色彩が人気となった。

1980年代〈昭和55年～昭和64年・平成元年〉の流行色

'81年、川久保玲、山本耀司がパリ・プレタポルテで「ミステリアス・ブラック」、「オリエンタル・ブラック」といわれる黒一色のファッションを発表し、世界のファッションに大きな衝撃を与えた。続いて川久保はモノトーンの「ボロルック」を発表し、ファッション革命をもたらした。従来の服飾美学を否定した黒のファッションは、賛否両論があったものの、次第に世界の若者たちに支持されて、わが国では「カラス族」と言われる黒のファッションに身を包んだ若者たちが街を闊歩した。この黒のファッションは、'80年代以降、'90年代を通して定番色として定着していく。この黒のファッションカラーは、冷蔵庫、洗濯機、掃除機、音響機器などの家電にまで波及し、さまざまなブラック家電が登場した。

この黒ブームへの反動からか、同じ'82年からパステルピンクやパステルグリーンを中心としたパステルカラーが登場し、これもファッションだけではなく、生活用品全般に普及した。また「ジュンコ・シマダ」のボディコン・ファッションが人気となり、鮮やかなレッド、パープル、グリーンなどの原色調も出現した。

一方で、地球温暖化、フロン、酸性雨といった地球規模の公害問題が世界的な問題になり、エコロジーや環境問題に、再び大きな関心が集まって、エコロジーカラーといわれるブラウン系のアースカラーが再び流行してくる。このエコロジーカラーは、ファッションのみならず、インテリア製品、家電製品にまで普及した。

1990年代〈平成2年〜平成11年〉の流行色

'90年代初頭は、渋カジファッションを中心にして、紺ブレ、すなわちネービーブレザーが大ヒットし、このネービーブルーは紺ブレ以外のファッションでも大流行した。 また無彩色を中心にしてベーシックカラーが根強いシェアを保っており、相変わらず黒のファッションが続いていたが、また'70年代回帰ということで、ニューヒッピーや、'70年代に流行したアースカラーが再び流行し始めた。特に大地の色のチョコレート・ブラウンを中心としたブラウン、ベージュ系だけでなく、宇宙の色であるコズミックブルーにも人気が集まった。一方では鮮やかな色へのバック・トゥ・カラー（色返り）の動きも生まれ、渋谷のストリートファッションのギャルを中心にして、レッド、ピンク、イエロー、オレンジなどのカラフルな原色が流行し始めた。特に酸味のイエローグリーン、イエローなどが目立ったところからアシッドカラー、ビタミンカラーの復活と人気を集めた。さらに婦人服のファッションでは、2000年（平成12）に久しぶりにローズピンクが大流行し、バック・トゥ・ザ・カラーを現実のものとした。このピンクは、パステル調のピンクだけではなく、彩度の高い鮮やかなローズピンクも多く登場した。

2000年代〈平成12年〜〉の流行色

新しい世紀を迎え、バブル崩壊の痛手から経済的にもやや明るい兆しが見え始めた。この清新な気風を象徴するかのように登場したのが、ミレニアムホワイトといわれる白の流行である。2000年の街には冬でも白一色のコートを着た若い女性が氾濫した。街はいたるところで白、白、白の饗宴となった。そして、その白に呼応するかのように「かわいらしい」、「エロかわいい」淡いピンクを中心に、オレンジ、イエローなどのパステルカラーも街に溢れた。特にピンクはビビッドからパステルまで幅広く流行し、ウィメンズからメンズまでピンクブームは波及することとなった。このピンクブームはアパレルのみならず家電、携帯にまで波及して、'03年まで続いた。'04年以降、コンサバ回帰が提唱される中、ブルーデニムのブルー、ニューアースカラーのブラウンが流行線上に戻ってきて、サッカーブームの中のジャパンブルーまで続いている。

以後、流行色は白、黒を基点にしながら、白っぽい色やカラード・ニュートラルが主流となり、基本的にはクールな、冷めた感じのブルーグリーン、グリーン、パープルなどがアソートカラーとして配されている。特に明るいブルーやパープルは注目色となっている。

日本のファッション解説

○ 1910 年以降は、便宜上、西暦表記の上 2 桁（19、20）を省略し、「'10 年」（1910 年）・「'03 年」（2003 年）のように表記しました。

○ 1900 年以前の年代表記は和暦を併記し、以降は西暦中心の表記としました。

○ファッションの発生年次と流行年次の相違により、イラスト挿入の時代がずれている場合もあります。

1868-1899 明治元年～ 32 年

文明開化としての洋装

明治維新の到来とともに、文明開化の波が衣服の分野にも、いっきに押し寄せ、当初、おかしな和洋折衷のスタイル[1]が横行した。ちょん髷に洋服で帯刀スタイルや断髪に着物で靴など、さまざまな折衷スタイルが現われた。しかし江戸以来の和服は、男女ともに、明治時代を通し、着用され続けた。しかし男子では 1870 年（明治 3）の陸軍の軍服制定[2]、1871 年（明治 4）の断髪令、1872 年（明治 5）の礼服採用[3]、1876 年（明治 9）の廃刀令などによって、断髪、廃刀、軍服が制定されると、洋装化が進み、軍人のみならず警官、郵便配達夫、車掌などの制服として波及していった。特に 1877 年（明治 10）の西南戦役の頃には、大量の軍服調達の必要が生じたために、加速度的に洋服化が進行した。日常的には礼服の他、ダブルの背広やシングルの背広が用いられ、1882 年（明治 15）頃には男子学生は詰襟の制服を着用しはじめたが、女子学生では和服が依然として継続していた。

ただ女性の着る和服も従来の小袖と比べ、一般的に袖丈が長くなり、装飾的になった。上流階級の婦人たちは縮緬、紋羽二重とお召などを、3 枚重ねや 2 枚重ねなどで着用していたが、一般庶民は木綿製の滝縞、棒縞、格子のものか、紺絣か矢絣、白絣が多く、色も紺、藍鼠、梅鼠、お納戸などの、江戸時代の地味色が多かった。

1883 年（明治 16）、明治政府は、不平等条約の改正を祈願した外交政策の一環として、東京・日比谷に鹿鳴館を建設し、毎夜、外国高官の饗応に努めた。その際、政府高官や華族たちはフロックコートを着用したのに対して、貴婦人たちは当時西洋で流行していたバッスルスタイルを着用し、いわゆる鹿鳴館スタイル[4]で、外国人高官の接待と饗応を主催した。このことは、上層階級の婦人たちの洋装化に拍車を掛けたが、一般女性は相変わらずの和服姿であった。

しかし 1887 年（明治 20）ごろになると、上流社会でも洋装ブームの熱はさめ、「婦人の着服は復古の風あり」といわれ、江戸時代を髣髴とさせる和服が男女ともに復活し始めた。特に花柳界を中心にして染小紋、織小紋が流行し、「小紋は羽織にも下着にも恐ろしい流行」といわれた。その色合いも江戸時代の地味色を依然として継続している。その中で女子学生の海老茶色の袴姿は、女子学生の制服となり、束髪で矢絣の着物、海老茶の袴姿[5]で自転車を乗り回す姿は、ハイカラの代名詞となった。1885 年（明治 18）には、婦人束髪会が発足し、以後束髪が流行する。一方、男子高校生や大学生では、普段は絣の着物に袴姿、登校時には白線入りの学帽に、断髪、詰襟の制服にとんび[6]の外套が定番であった。

⑴和洋折衷スタイル

明治の初頭には異装風俗の混ぜ合わせスタイルが街に溢れた。シャグマといわれる鬘に三斉羽織を着た官軍武士や、ちょん髷にフロックコートを着て腰に帯刀した武官。断髪に着物姿に靴をはく人。女性の斬髪にとんび。和服で靴を履く男性。またこうもり傘にとんび・マントで防寒し、パッチスタイルの人力車夫など、いたるところで和洋折衷の奇妙なスタイルが登場した。〈→ p10,11〉

⑵明治の軍服

江戸時代末期、徳川幕府は、当時通商のあったオランダ式の軍服を参考にして軍服制度を設けたが、維新政府は、1870 年（明治 3）に陸軍はフランス式の黒の軍服、そして海軍はイギリス式の濃紺の軍服を定めた。将校の正衣がフロックコート型、軍衣は詰襟ジャケット型、下士兵卒の正衣、軍服はともに詰襟ジャケット型であった。この詰襟のジャケットにズボンの組合せは、後に警官、郵便配達人、鉄道員などの制服に発展していく。〈→ p12,13,27〉

⑶礼服制定

1872 年（明治 5）、明治政府は、在来の衣冠束帯を祭服として残し、他はフランスのルイ王朝時代の宮廷服に倣って、文武官の儀礼用の洋服の制度を定めた。礼服には大礼服、中礼服、小礼服、礼服の 4 種を設け、それぞれに勅任官、奏任官、判任官の３階級があり、帽子、上衣、下衣などの装飾によってその位を示した。特に上衣では飾章繡色、紋章、縁側章、大鈕釦に、ズボンでは両側章に階級別意匠が施された。また女性も、大礼服のマント・ド・クールを筆頭に通常礼服まで４種あった。第二次世界大戦後には、この制度は廃止された。〈→ p17〉

⑷鹿鳴館スタイル

鹿鳴館とは、1883年（明治16）に、東京・日比谷に建てた西洋建築のこと。明治政府が、西洋列強に対して日本が文明国であることを誇示するために作られた社交場で、外国高官を招待して舞踏会を開催するなど、独特の鹿鳴館風俗を生み出した。政府高官の男性は、山高帽に口髭、そしてフロックコート・スタイル、その夫人や令嬢は、髪は束髪で、ウエストにはきついコルセットを締め、当時欧米で流行していた腰の後部部分を膨らませた、長い裳裾のバッスルスタイルという恰好をして、慣れない社交ダンスをしたという。〈→ p18,19〉

⑸海老茶袴

1885年（明治18）、華族女学校が設立されたとき、校長の下田歌子が、従来の男袴では礼節を欠き、高貴の御前では不敬に当たると考え、未婚の宮中女官が着用する「濃き色」の切り袴を参考にして、海老茶袴を作った。以来、多くの女学校で、この海老茶袴を制服としたために、流行中の廂髪に着物に袴、短靴の女子学生スタイルが完成した。一方、私学の跡見女学校では、1887年（明治20）頃、初代校長の跡見花蹊が、他の学校との差別化を図るため、紫色の袴を制服として採用した。世間では華族学校生の「海老茶式部」に対抗して、跡見女学校生を「紫式部」といって区別した。〈→ p28,29,38〉

⑹とんび

男子が着用した袖なしのケープマントのこと。頭巾つきでダブルの袖なし外套にマントをつけたもので、わが国では1882年（明治15）頃に流行したのが始まり。最初は和服の上に着用したが、次第に洋服の上に身につけた。デザインも頭巾やベルトのない形となり、政府高官や軍人などが着用し、また丈の短い半とんびは高校生、大学生が着用した。ケープが広がった様子が鳥の鳶に似ているので、「とんび」というようになった。〈→ p26〉

1900年代　明治33年～42年

洋装はまず男性から

日清戦争1894年（明治27）と日露戦争1904年（明治37）後、戦勝気分と好景気によって、衣服は全体に派手になった。洋服は政府高官や富裕層から、次第に一般層に広まった。1887年（明治20）の「朝野新聞」によると、「銀座の街頭で男子の1/3は洋服で、和服着用者は商人か番頭の類」と報じている。フロックコート[1]は礼服として通常的に用いられ、また「三つ揃い」の背広は通勤着や通常着として普及した。特に1895年（明治28）以降には、薄茶、薄鼠色の縞柄のスーツや上着を濃紺、黒の綾でズボンを紺メルトンにした組合せが流行した。フロックコートに山高帽、チョッキの胸に金鎖、腕に細身のステッキという恰好は明治期の紳士の典型的スタイルとなった。一方、一高生の破れ袴に破れ帽子、ステッキ、朴歯の日より下駄を引きずって闊歩するバンカラ姿が人気を集めた。1900年（明治後期）頃には、洋行帰りの男性の間で中折れ帽に、ハイカラーシャツに背広姿が多くなり、男性の洋装化は一気加速的に進んだ。普段着の和服では紺絣や久留米絣、秩父縞などの木綿製が用いられ、上等のものでは結城紬、銘仙などが流行した。またトンビは前期に続いて外套として広範囲に用いられて定着していく。

また女性では、洋装はごく一部の上流婦人たちのみがS字カーブシルエット[2]のドレスを着用したが、一般的には和装が圧倒的に多かった。明治20年代中頃に白木屋が売り出した防寒用コートの吾妻コートが大流行し、「主は洋服、私はコート、当世はやりでいきなこと」などとうたわれたほどである。晴着や日常着としては、圧倒的にお召[3]縮緬が好まれたが、伊勢崎銘仙も中流婦人の間では人気を呼んだ。また日露戦争後には、国威が大いに上がり、復古調の元禄模様が大流行するのである。

(1)フロックコート

明治から大正にかけてフロックコートは、男性の定番服となった。当時の東京朝日新聞に「フロックは、外国では医者か牧師以外には殆んど用いないが、日本ではむしろ乱用されている」と記述されているように、礼服としてばかりではなく、外出着、事務着としても用いられた。フロックコートは、ダブル前で２つまたは３つボタンの膝丈の黒の上着で、縞のズボンを着用するのが決まり。本来、礼服なので変化に乏しいが、1913年（大正2）頃には背広やオーバーよりさらに胴にフィットして、裾に広がるスタイルが流行した。〈→ p20,23〉

⑵ S字カーブシルエット

上流婦人の間では、1892年（明治25）以後にS字カーブシルエットという新しいスタイルが流行しだした。このスタイルは、19世紀末西洋で一世風靡した芸術上のアールヌーボー・スタイルである。これはバストを低い位置で膨らませ、ウエストを極端に細めて、スリムで長いスカートでまとめている。背面をゆるやかに膨らませているので、横から見るとS字に見えるところからこの名がついた。別名、砂時計スタイルともいわれ、1909年（明治42）まで続いた。〈→ p32,33〉

⑶お召

お召とはお召し縮緬の略で、生地、及びその生地を使って仕立てた和服の総称。最も高級な着物の生地で、江戸時代、十一代将軍の家斉がこの生地を好んで着用したために、「お召しもの」の名がついた。江戸時代には上流階級の衣服であったが、明治・大正時代には、どっしりとして着やすく、色柄も新鮮なため、一般女性の社交着として普及した。〈→ p31〉

1910年代　明治43年～大正8年

大正ロマンの洋装と和装

大正時代になると、日露、そして第一次世界大戦後の好景気を背景にして、生活の洋風化は一層進展した。男子服の洋風化はますます進み、礼装用は燕尾服、フロックコート、モーニングを着用し、日常の仕事着としてウーステッドや、メルトン、サージなどのコンチネンタルスタイルのスーツが主流を占めたが、次第に細身のアメリカンスタイルに移行していった。また乗馬、狩猟、運動競技などが盛んになり、鳥打ち帽にブレザー、ノーフォークジャケット、ジョッパーズを組み合わせるスタイルも生まれてくる。色も紺、鼠、藍などが定番色であったが、後期には茶系が流行色となる。ただ家庭においては男子の和装も多く、お召の表に羽二重の裏をつけた着流しスタイルが一般的であった。

一方、女性においては、外出着、室内着ともに和装が中心で、お召、大島、米琉、黄八丈、銘仙[1]などが多く、色は全体に地味色で黒、濃紺、日陰鼠、お召鼠が主流であった。後期になると大正緑といわれたグリーン系、新勝色などが流行する。挿絵画家の竹久夢二、高畠華宵、蕗谷虹児の描く大正ロマンの気風が溢れる女性像が人気を集め、特に華宵、虹児の描くギャルソンヌルック[2]のファッションは、最新流行のモダンな服として活動的な女性の憧れとなった。またこの頃から、女性が職場に進出して、バスの車掌、電話交換手などが制服[3]を着るようになり、またカフェの女給の白いエプロン姿もこの時代の風俗ともなった。

⑴銘仙

'16年（大正5）頃、大戦の影響でモスリンが高価になったので、その代わりに日常着や外出着として用いられた着物。元来は、紬糸で織り上げるので、丈夫で、安価、それでいて絹織物の光沢をもっているため人気があった。最初は絣縞が主流であったが、次第に技術的に改良され、絣織ができ、派手な色使いで、大柄で大胆な模様も出現した。大正中期には大正ロマン調が多かったが、'20年代（大正～昭和初期）はアールデコ調、モダンテイストのものが多くなる。'30年代（昭和10年代）には人絹使いができたため、さらに安価になり、大正末期から昭和中期までに着物の主流となった。〈→ p44,47〉

⑵ギャルソンヌルック

'20年代、ガブリエル・シャネルを始めパリのデザイナーたちは、女性の社会的進出に対応した機能的なファッションを創作していた。ギャルソンヌとは、「男の子のような」の意味で、クロッシェ帽、ボブヘア、いかり型で、胸のふくらみの少ないストレートラインのシルエット、ショート丈のスカートなどの男の子のようなファッションである。このファッションが'20年代（大正～昭和初期）にかけてわが国にも取り入れられ、良家の子女や知識階級の婦人の洋装スタイルとなった。耳隠しの断髪に、おかま帽、テーラードスーツにネクタイ、セーラーカラーのブラウス、ローウエストのスカートなど、典型的なモガファッションとして流行した。〈→ p46,50,51,53〉

⑶職業服

'10 年代（大正初期）、一般女性の洋装化は、当時の職業服から始まった。オフィスガール、バスガール、デパートガール、映画館の案内嬢、ウエイトレス、カフェの女給など職種はさまざまであったが、その洋装スタイルは若い女性の憧れの的となった。特に人気のあったのはバスガールで、ベレー帽にスーツという制服スタイルは、女性たちの洋装化の先駆けとなった。またレストランのウエイトレスは、紺のワンピースに白のバーサーカラーに、短いエプロン。またカフェの女給は、着物にエプロン姿が多かったが、着物とフリルのついた白いエプロンとの組合せは、大正ロマンの薫りを漂わせて、男性たちの人気を煽った。〈→ p39〉

1920 年代　大正 9 年〜昭和 4 年

モボとモガが銀座を闊歩

'23 年（大正 12）、関東大地震が勃発、首都圏は壊滅的な打撃を受けたが、逆に機能的な洋装化を促すことになった。ただ関東大震災や、それに続く世界的な経済大不況が到来し、社会全般に刹那的、享楽的な雰囲気が生まれ、「エロ、グロ、ナンセンス」が社会的な風潮になった。大正末期から、銀座を中心にモボ・モガ[(1)]が闊歩し、また盛り場にはハイカラなフラッパー[(2)]たちが登場し、大正・昭和モダンの華を咲かせることになる。また大阪のおばさんから、アッパッパ[(3)]といわれるシンプルなワンピースが登場して、やがて昭和の前期には女性の室内着、普段着として一般的に広まっていった。

また男女に共通してスポーツも盛んになり、水泳、テニス、乗馬、陸上競技などのユニフォーム[(4)]が、スポーツを楽しむ人々の間で愛好された。ただ今和次郎の調査（'25 年）によると当時の銀座通りでは男性の洋服が 67%であるのに対し、女性の洋服はわずか 1%にすぎず、まだまだ女性は和服の時代であった。ただその和服にも、

'20年代ヨーロッパで盛行していたアールデコ模様(5)が取り入れられ、和服にも新しい時代を招来していた。

(1)モボ・モガスタイル

大正末期から昭和初期に登場したモダンボーイ、モダンガールの略。モボは歌の文句にあるよう、スネークウッドのステッキを携えて、イートンクロップ（七三分け）の髪型で、ロイド眼鏡、パイプをくわえ、青いコンチネンタルのスーツに、中折れ帽（夏にはパナマ帽）、ラッパズボンを穿いていた。またモガは、刈り上げの短い髪かボブヘアにおかま帽、眉を細く引き、濃い口紅をつけ、縞柄で筒型の丈の短いギャルソンヌルックに身を包み、英語の辞書をしのばせたバッグをもって、モボと一緒に銀ブラを楽しむのが定番のスタイルだった。

〈→ p49,50,51,52,53〉

(2)フラッパースタイル

フラッパー（Flapper）とは、元来は英語で蝿たたきのこと。転じて生意気な小娘の意味。特に'10～'30年にかけて登場した小生意気な現代娘を指す俗語となった。ファッションでは、'25年（昭和初期）以降に登場した、おかま帽を被り、丈の短いスカートやショーツやワンピース、スリーブレスのドレスを着て、チャールストンを踊ったりする若い娘を総称する言葉となった。〈→ p50,52,53〉

(3)アッパッパ

大正末期から、大阪の主婦たちの間ではやりだした夏の婦人用簡易服。比較的に着こなしが楽なため次第に家庭着（ホームウエア）や日常のちょっとしたお出かけに格好な洋装となり、全国的に広まった。初期のデザインは、丸首やVネックのゆったりとした身頃の広い白のワンピーススタイルで、下駄履きが普通であったが、次第に襟付きのツーピースに短靴履きスタイルのものまで出現し、模様や色彩も多彩になった。着こなしが簡単なため、着物から洋服に変わっていく、最初のスタイルとして人気を集めた。〈→ p54〉

(4)スポーツウエアのユニホーム

昭和初期から、上流階級では西洋から紹介されたゴルフ、テニス、水泳、乗馬、陸上競技などのスポーツが盛んになり、そのスポーツウエアが普及した。ゴルフウエアとしては、イギリス・トラディショナルスタイルのハンチングに、ニッカボッカーを穿き、アーガイル模様のソックスのスタイルが基本であった。テニスウエアでは、セーラーカラーやショールカラーの白のギャルソンヌ風のトップスとローウエストのスカート、それにリボンタイをするなどのファッションが登場した。また水着は長めのワンピース・スタイルで、ケープは必需品。女学生の体育着としてセーラーカラーのトップスにブルーマースタイルが定着。形が膨らんでいるところから提灯ブルマーなどといわれた。〈→ p55,56〉

⑸アールデコ模様の洋服と着物

アールデコとは、'20年代にフランスで興った「Arts Décoratifs」（装飾芸術）様式のこと。機械と芸術の一致を目指した運動で、鋭角的で、ダイナミック、それでいて民族的な薫りを漂わせた形態や模様が特徴である。同時期にわが国にも導入され、洋服ばかりでなく着物の模様にも取り入れられ、その新鮮な感覚は、当時の知識階級の憧れとなった。アールデコの代表的模様として、鋸歯文、山形文、三角文、同心円文、半円文、紡錘文、鋭角的なバラ模様などが愛好された。〈→ p42,49,62〉

1930年代　昭和5年〜14年

戦時下のロングドレス

'29年、アメリカのウォール街で起こった金融大恐慌は、世界的に大きな影響を与え、わが国も未曾有の経済不況に襲われることになる。またパリ・ファッション界でも機能的なシャネル・デザインは下火となり、エルザ・スキャパレリが発表する女性的で装飾的なファッションが主流となった。わが国では女性の服装は、一般的には銘仙などの普段着の着物が多かったが、しかし'30年（昭和5）以降、外国ファッションの影響を受けた女性らしさを強調したスリムなロングドレス[(1)]や、スカート、ファーつきコートなどが主流となった。また前項で述べたアッパッパは、'30年代を通して、若い女性にも広がっていった。一方で軍靴の響きが近づくにつれ、メンズライクなボールドルックといわれるスーツが多くなる。特に外国映画の「モロッコ」に主演したマレーネ・デートリッヒの男装が人気を呼んで、「シネモード」[(2)]の男装の麗人が登場する。また生活のゆとりを反映して、娯楽、スポーツ[(3)]が盛んになり、なかでもスキーウエアが人気を呼んだ。

⑴スリム＆ロングドレス

'29年（昭和4）の金融大恐慌の後、活動的なファッションが廃れ、ウエストも正位置に戻り、スカート丈が長くなり、女性らしいファッションが復活した。次第に深まる軍国ムードを反映して、肩パットの入ったいかり型で、スリムシルエットのロングドレスやスーツが多くなり、トップのジャケットは、カフス付きのミリタリー、ボレロ風のアンサンブル、大きなクレリックのショールカラー、ボウタイ付きのブラウスなど。またボトムも、つりスカートやトランペットラインのロングスカートなど、さまざまである。また一方で、白地に水玉模様のワンピース、パフスリーブや、胸元にフリルやリボン、ケープなどをつけたロマンティックなロングドレスも流行した。〈→ p54,58,60,61,63〉

⑵シネモード

外国映画「モロッコ」で主演女優マレーネ・デートリッヒの長い脚線美と黒のメンズスーツが人気を呼び、またわが国でも男装の麗人といわれた水の江滝子が話題を呼んだ。また逢初夢子、高峰三枝子、李香蘭（山口淑子）などの映画女優がスクリーン上で着たボールドルックのテーラードスーツが人気を集めた。男物の帽子、広いラペル、いかり肩のジャケットとスカートやパンツの組み合わせ、大きなファー付きのロングコートなどが流行し、また李香蘭の影響で中国服や、スカーフも人気となった。〈→ p61,62〉

⑶スポーツウエア

'30年代、都市化が進むとともに、娯楽、スポーツが盛んになった。'20年代から盛んになった水着は一層身体にフィットするとともに、背中を露出するバックベアが多くなった。またウインタースポーツが関心を集め、スケートやスキーが盛んになった。スキーでは、おしゃれなオールオーバーや、アノラックにニッカーボッカーやスリムなパンツを組み合わせるスタイルが一般的であったが、まだ竹製のストックが一般的であった。〈→ p66〉

1940年代　昭和15年～24年

国民服からアメリカンスタイルへ

軍靴の響きが高くなるとともに、政府は「贅沢は敵だ」という標語のもとに衣服の規制を求め、「国民服令」[1]を発布した。この結果、成人男性は軍服に似たカーキ色の国民服を着ることが求められ、女子の場合は防空頭巾と着尺地で作ったモンペ姿が定番服となった。第二次世界大戦が終結すると、戦地に赴任していた兵士たちが帰還したが、その殆んどは軍服[2]のままであったから、街は旧陸軍のカーキ色の軍服や国民服で溢れかえっていた。一方、女性の中には駐留兵士たちに春を売るパンパンガール[3]によって、派手な原色使いのアメリカン・ファッションが登場した。また一般女性たちには洋裁ブームが巻き起こり、着尺地や小裂《ぎれ》をつないで作った更生服[4]を着用した。また洋裁ブームを背景にして、アメリカン・ファッションのドレスやボールドルックのスーツが人気を集めた。一方、戦後生まれ（アプレ[5]と言われた）の無軌道な若者たちの間では、7・3分けのリーゼント、ボールドルックの背広、アロハシャツなどを着たアメリカンスタイル[6]が主流となった。

(1)国防服・国民服とモンペ

戦時色が濃厚になると、政府は国民の戦意高揚を目的として、「国民服令」を公布し、衣服の統一化を図った。男性では、甲号は立折襟式開襟（小開き）ベルト付上衣、乙号は立折襟（開襟式にすることができる）、ベルト無し上衣である。ズボンは裾を細くしてボタンで開閉して、活動的にした。一方、女性には、政府は国民服令に次ぐ措置として、「婦人標準服」の制定を進めた。女性の場合は、洋服型の甲型、和服型の乙型、活動衣などが指定されたが、戦局が深刻になるにしたがって、女性たちはこのような標準服は着用せず、上半身は着物、下半身はモンペやズボンを着用した。〈→ p70,71〉

(2)陸軍軍服・海軍軍服

'39 年（昭和 14）以降に、陸軍の軍服は、より保護色的なカーキ色になり、スタンドカラーか開襟のジャケットにジョッパーズ風のパンツを穿いてゲートルを巻き、短靴を履くスタイルに定められた。将校、下士官、兵士によって多少、細部に相違があるが、将校たちは長靴を履いた。一方、海軍は、「七つボタンは桜の錨」と歌われたように、将校は立襟に 7 つボタンの濃紺のジャケットにセーラーズボン、水兵はセーラーカラーのジャケットとズボンという組み合わせであった。〈→ p64,65,68,69〉

⑶パンパンルック

パンパンとは、終戦後、進駐軍の兵士の相手をした「街娼」のこと。基本的にはアメリカンスタイルで、ちりちりパーマネントに、派手色のスカーフやネッカチーフを巻き、原色調の模様の布地を使ったワンピースやフレアスカート。真っ赤な口紅、どぎついアイシャドー、ショルダーバッグを掛けたスタイルである。肩パットの入ったトップに、太いベルト、ゆったりしたフレアスカート、背を高くみせるためのハイヒールなどが特徴。初めの頃は目を背けていた一般女性たちも、次第に真似るようになってくる。〈→ p77,78〉

⑷更生服

終戦直後の物資不足の折から、手持ちの洋服や着物、生地を仕立て直して、当時流行の洋服に仕立て直したものを、「更生服」と言った。浴衣の生地でホームドレスやワンピースを作ったり、毛布でオーバーを作ったり、小布を繋ぎ合わせてパッチワークにしてブラウスを作ったり、もんぺでスカートを作るなどのさまざまな工夫が行われた。〈→ p72〉

⑸アプレスタイル

アプレとはフランス語の「Après-guerre」で、「戦後の」の意味である。パンパンガールに少し遅れて、'48年、アプレゲールは登場し、若い男性たちの憧れのスタイルとなった。ポマードをたっぷりつけたリーゼントスタイル、サングラス、カンカン帽、そしてボールドルックのダブルかシングルのスーツ。それにコンビのエナメル靴などが典型であった。また夏にはアロハシャツと白いズボン、もちろんサングラスが定番となった。〈→ p76〉

⑹アメリカンルック

戦後の混乱期を経て、やや落着きを取戻すと、女性たちの間で洋裁ブームが起こり、戦前からの洋裁学校が復活し、同時に「装苑」、「ドレスメーキング」などの復刊、創刊ラッシュが続き、一層、洋服熱が高まった。当然、彼らが目標にしていたのは欧米で流行していたアメリカンルックであった。ボールドルックと言われる、いかり型で、ウエストを絞ったトップとセミ・フレアのスカート。Aラインで、ウエストから一気に広がっていくワンピースなどが典型的なアメリカンルックと言われた。〈→ p74,75〉

1950年代　昭和25年〜34年
パリモードへの憧れと「太陽族」

戦後の混乱期を脱し、生活が落ち着いてきたとき、クリスチャン・ディオールを始としてパリ・オートクチュールファッションが紹介され、若い女性の憧れの的となった。ファッションの関心は、機能的なアメリカンルックより、エレガントなパリモードに移行して、いち早くパリモードを取り入れることを競い合った。特に’47年、ディオールが発表したニュールック[1]を始としてHライン、Aライン、Sラインなどのアルファベットの形に似たファッション[2]が、「装苑」、「ドレスメーキング」などのファッション雑誌や「週刊女性」、「女性自身」などの女性週刊誌に紹介され、’50年代のクラスファッションの主流となった。特にニュールック、Aラインのファッションは、落下傘スタイルとして人気を集めた。また挿絵画家の中原淳一[3]がスタイルブックの「ひまわり」、「キモノの絵本」などを創刊し、オートクチュール感覚に溢れたファッションを紹介し、大人気となった。’50年代後半には、ピエール・カルダンの莢型のサックドレス[4]は、日本女性の体型にもマッチしため、大流行した。また外国崇拝の風潮を背景にして、外国映画のスターたちのシネモード[5]に影響を受けたファッションが流行した。特に’53年「ローマの休日」、’54年「麗しのサブリナ」に登場した新星オードリー・ヘップバーンからヘップバーン・カット、サブリナパンツ、ベンハーシューズが流行し、またジャクリーヌ・ササールが主演をした’58年の「三月生まれ」からササールコートが人気を集めた。日本映画でも岸恵子主演の「君の名は」から真知子巻、久我美子の「挽歌」からトッパー[6]が大流行することとなった。同様にマンボ、ロカビリーのスターたちのファッションを真似たマンボズボン[7]やヤンキースタイルが流行したのもこの時代である。

一方、パリ・オートクチュールからのみでなく、ストリートからも若者たちの独自のファッションが生まれてきた。特に石原慎太郎の小説「太陽の季節」から生まれた慎太郎刈りとアロハシャツ、サングラスなどの太陽族ファッション[8]や、皇太子殿下ご成婚に際して、慶祝カラーやプリンセスライン[9]のドレスなどが、若者たちの支持を集めた。またエルビス・プレスリーやペレス・プラドなどの外国ミュージシャンが人気を集め、ロカビリーやマンボ人気が沸騰し、ミュージシャンのスタイルを真似たロカビリーファッション[10]も出現した。

⑴ニュールック、落下傘スタイル

'47年、クリスチャン・ディオールが発表した「ニュールック」は、細い肩、フィットしたウエスト、裾広がりのロングスカートなどの女性らしいシルエットを強調したデザインで、世界的に一大ブームとなった。わが国にもすぐに導入され、それを真似た裾広がりのロングスカートやドレスが流行したが、ディオールが'53年に発表したチューリップ・ラインを取り入れて、ペチコートで膨らませたスカートが大流行し、その形が落下傘に似ているところから「落下傘スタイル」と騒がれた。〈→ p80,81,95,96〉

⑵アルファベットライン

'54年、パリ・オートクチュールのクリスチャン・ディオールは、Hラインとネーミングされたストレートラインの作品を発表、'55年にAラインを発表し、ディオールの盛名は確定的なものとなった。特にアルファベットを使ったネーミングは、分りやすさ、面白さから、人気を集め、Hライン、Aライン、Yライン、アロウライン、S（スピンドル）ライン、M（マグネット）ライン、L（リバティー）ラインなど続々発表して、'50年代ファッションをリードした。
〈→ p82,83,84,85,89,91〉

⑶中原淳一ファッション

中原淳一は人気ファッション・イラストレーター。自ら出版した雑誌「それいゆ」「ひまわり」「おしゃれの絵本」「ジュニアそれいゆ」などを通して、'50年代、'60年代の先駆けとなる斬新なファッションを次々と発表し、'50～'60年代の代表的なファッションのリーダーとなった。〈→ p89,116,117〉

⑷サックドレス

サックとは「袋」「莢」のこと。その形に似たウエストの切り替えのないストレートラインのドレスで、'58年、マギー・ルフやピエール・カルダンらのデザイナーがサックドレスを発表し、世界的な流行となった。このサックドレスは筒型を基本にして、ウエストに切り替えがはいらず、ゆるやかに裾が広がっていくトラペーズシルエットのもの、ハイウエストとローウエストにシャーリングをいれるベビードールタイプが生まれ、'60年代には大流行する。
〈→ p117,118,123〉

⑸'50年代シネモード

'50年代は、華やかなスターが登場する映画がファッションのお手本となった。'53年オードリー・ヘップバーン主演の「ローマの休日」から、ヘップバーン・カットやベンハーサンダルが流行し、また「麗しのサブリナ」からトレアドルパンツ（サブリナパンツ）が人気となった。また日本映画の「君の名は」では、主役の岸恵子のマフラーが「真知子巻」として大流行し、また「挽歌」からトッパーコートが人気となった。さらに獅子文六原作の映画「青春怪談」から「M＋W」という言葉が生まれ、ユニセックス的ファッションが流行した。〈→ p86,88,98,109〉

⑹トッパー

トッパーとはトップコートの略称で、上半身（トップ）を覆う丈の短い、ゆったりとしたコートのこと。'57年、原田康子の恋愛小説「挽歌」が映画化され、主演の久我美子が着ていたトッパーをきっかけにして、大流行する。フード付きのもの、ラグラン袖、広がりのあるフレアー袖、シルエットは、ゆったりとして裾広がりのフレアーなものが多く、タイトスカートとのコーディネートが定番だった。〈→ p88,89,104〉

⑺マンボズボン

'55年頃、「マンボの王様」ペレス・プラド楽団が来日し、「マンボNO.5」が大ヒットして、一躍マンボブームとなった。また「東京キューバンボーイズ」が人気となり、'57年にはカリプソの女王・浜村美智子が登場して、「バナナボート」が一大ヒットし、人気者となった。そして彼女のエキゾチックな風貌と穿いていた丈の短いマンボズボンが、「カリプソスタイル」としてブームとなった。
〈→ p93,97〉

⑻太陽族

'56年、石原慎太郎の芥川賞受賞作品「太陽の季節」が映画化され、湘南の若者たちの奔放な風俗が話題となり、「太陽族」という風俗を生み出した。慎太郎刈のヘア、真っ黒なサングラス、襟を立てたアロハシャツ、それもパンツの上に出して着る着こなし、またイタリアンカラーのパイルシャツや、ポロシャツ、スニーカー、それに二眼レフのカメラをもつことが典型的なスタイルであった。また女性たちは、落下傘スタイルの'50年代調ドレス、ポニーテールにサブリナパ

ンツなどが特徴であった。〈→ p93,94,95〉

⑼プリンセスライン

'59年（昭和34）4月10日、皇太子殿下（現・天皇）と正田美智子さん（現・美智子妃殿下）のご成婚の儀が盛大に行われた。お二人の出会いが軽井沢のテニスコートであったところから、美智子さんが着用していた白地のVネックセーターやヘアバンド、カメオのブローチ、ストール、白の長手袋などが、いわゆるミッチースタイルと呼ばれて、そのファッションが大流行した。また結婚式に相前後して、慶祝カラーが流行色になるとともに、皇室に相応しいシルエットとして、プリンセスラインのドレスが大流行した。〈→ p96,101〉

⑽ロカビリースタイル

'50年代初頭、アメリカではエルビス・プレスリーが登場し、一躍ロカビリーのスーパースターとなった。わが国でも'58年、平尾昌章、山下敬二郎、ミッキー・カーティスたちが人気を集め、若者たちは、スターたちのファッションをまね、ロカビリースタイルが流行した。男の子は、髪はリーゼントスタイル、アロハシャツやウエスタンシャツにマンボズボン、また、だぼっとしたジャケットを襟を立てて着るのが流行った。また女の子たちは落下傘スタイルのドレスを着たり、サックドレス、ブラウスにマンボズボンであった。〈→ p97〉

1960年代　昭和35年〜44年

ミニスカートと若者ファッション

'60年代は団塊の世代の時代。'56年「もはや戦後ではない」という経済白書を背景にして、未曾有の高度経済成長の時期を迎えた。「東京オリンピック」の開催、「カー」、「クーラー」、「カラーテレビ」などの新三種の神器が人気を集め、また成長した団塊世代の若者たちが、大人たちとは異なる独自の文化を作り上げていた。

ファッションでは、ロンドンのデザイナーのマリー・クワントがミニスカート[1]を発表し、'65年にパリ・オートクチュールのアンドレ・クレージュも発表し、ミニスカートは世界的な流行となった。'66年にロンドン生まれのモデル・ツイッギーが来日して、わが国でも一層、ミニスカート、ミニドレスの流行に拍車をかけた。ピエール・カルダンのコスモコール・ルック、イヴ・サンローランのモンドリアンルックなど、斬新なデザインのファッションが話題となり、またアメリカで復活したシャネルによる機能的なシャネル・スーツや香水のシャネル No.5 が流行した。一方、'64 年「平凡パンチ」が創刊され、大橋歩の描く表紙のアイビールック(2)のイラストが人気となり、若者たちのアイビールックは、ストリート・ファッションを生み出した。特に '64 年の「東京オリンピック」開催の直前に銀座みゆき通りに現われたアイビールックの若者や、ズダ袋を提げたロングスカートの女性たちは「みゆき族」(3)といわれ、若者たちの自己表現の表れとして社会的な注目を集めた。また '66 年には、この若者たちは、自動車に乗り、原宿に集い、「原宿族」(4)として独自のファッションを形成していく。

続く '66 年のビートルズの来日をきっかけに、数多くの和製グループサウンズ（GS）が登場し、歌手たちのファッションを真似た GS ファッション(5)やロンドン生まれのモッズルック(6)が大流行した。若者を中心としたアングラ文化はサイケデリック(7)・アートやファッションにも及び、原色調のカラフルなポップアートやポップファッションを生み出した。また、'62 年のシャーベットキャンペーン(8)を契機として合繊メーカー、百貨店によるカラーキャンペーンが進み、流行色への関心が高まった。

(1)ミニスカート、ミニドレス

'59 年、ロンドンのデザイナー・マリー・クワントがミニスカートを発表、ロンドンファッションとして話題を呼んだ。また '65 年にパリ・オートクチュールデザイナー・アンドレ・クレージュがミニスカート、ミニドレスを発表し、全世界的な流行となった。わが国では、最初、脚の短い日本人には似合わないとの意見もあったが、'66 年にミニの女王といわれたモデル・ツイッギーが来日し、ミニスカート、ミニドレスブームに火がつき、'60 年代を象徴するファッションとなった。このミニスカートの流行は、若者たちから次第に年齢層の上の女性にも広まって、ファッションの流れに新しい潮流をつくるきっかけとなった。
〈→ p112,116,117,118,119,120,121,122,124〉

⑵アイビールック

アイビーとはアメリカ東部の大学生や卒業生が着用していたブルックス・ブラザースモデルのメンズファッションのこと。わが国では、'51 年に紳士服デザイナーの石津謙介が「VAN JACKET」を設立、本格的にアイビーを紹介し、'64 年の「平凡パンチ」の創刊ともあいまって大流行した。アイビールックの特徴は、カンカン帽、アイビーストライプのジャケット、アイビータイにコットンスラックス、ボタンダウン・シャツ、マドラスチェックのカーディガン、サングラスに日傘などが定番スタイル。他にダブル・ブレザー、ベスト、バーミューダ・パンツなども人気があった。〈→ p113,114,115,130〉

⑶「みゆき族」

'64 年、銀座のみゆき通りに、同じファッションの若者たちが集まった。女の子は頭に三角に折ったハンカチを被り、日焼けした肌にアイシャドー、パールピンクの口紅。後にリボンを結んだロングドレスかスカート。靴はローヒール。肩からズダ袋を提げていた。男の子はアイビー派が多く、7:3 分けのレザーカット。シャツはアイビーストライプかマドラスチェックのボタンダウン・シャツ、ズボンはマドラスを中心としたバーミューダ・パンツか丈の短いコットンパンツに白いソックスだった。彼らは「みゆき族」といわれたが、東京オリンピックを目前に銀座の雰囲気を壊すとされ、間もなく追放されてしまった。この「みゆき族」こそ、わが国で最初に生まれたストリートファッションである。〈→ p114〉

⑷原宿族

'66 年の秋、閑静な原宿に自動車の轟音を響かせて大勢の若者たちが集まってきた。彼らはモンキーダンスを踊っていたりしたが、特に何をするということもなかった。女の子はツイッギー風のショートカットヘア、ニットの横縞のノースリーブシャツ、膝上 10cm のミニスカートかモッズ調の花柄のフィットパンツのスタイル。そして男の子は、みゆき族の流れで、ボールドストライプのシャツ、シャツはカリプソ風に前で結ぶ。そして丈の短めなコットンパンツにコインローファー、セーターやカーディガンを襟に巻いていた。ただ地域住民にとって、自動車で集まってくる見知らぬ若者たちは、迷惑な存在であり、この「原宿族」も地域から追放されるのである。〈→ p121,124〉

⑸ GS ファッション

GSとはグループサウンズの意味。イギリスの「ビートルズ」を契機として、わが国でも'66年頃から「スパイダーズ」「タイガース」「テンプターズ」「ワイルドワンズ」などの人気アイドルバンドが誕生し、そのリズムやメロディーだけでなく、彼らの着ていたファッションまでもが人気を呼び流行した。GSファッションは「ミリタリールック」が基本。スタンドカラー、エポレット（肩章）、蛇腹つきのミリタリージャケットで、「毛沢東ルック」（マオスーツ）、「ナポレオンスーツ」、「タイガース」の金のチェーンベルトが大流行した。またラフカラーの中世風ジャケット、ルパシカなどのロシア調、ヒッピーファッションなど、グループの個性に合わせてバラエティーに富んでいた。〈→ p120〉

⑹モッズルック

モッズ（Mods）とはモダンの略。'60年代のロンドンのカーナビーストリートで発生した若者のファッション。基本的には20世紀初頭のエドワードディアン・スタイルに由来する華麗なメンズファッションで、原色調の丈の長いジャケット、クリネックカラーの花柄のプリントシャツ、カラフルなネクタイ、スリムなパンツなどが特徴である。わが国では、ビートルズ来日やGSファッションとともに取り入れられ、ピーコック革命とともに、メンズファッションの女性化といわれた。〈→ p112,221〉

⑺サイケデリックファッション

サイケデリック（psychedelic 新造語）は、飲めば幻覚を引き起こすといわれるLSDの服用によって生ずる幻覚的な症状に似たファッション、音楽、アート、風俗の総称である。既成のモラルや美意識や、表現を拒否して、精神の解放を得ることを志向した1960年代後半のヒッピーたちによって世界的に普及した。特にファッションにおいては、極彩色の蛍光カラーで表現したアンフォルメの抽象模様や幾何模様、幻想的な感覚の多彩な花柄のプリント模様や光沢素材を使用したドレス、ブラウスなどに表現された。極彩色の目くるめくビジュアルイメージや、ペイズリー模様、エミリオ・プッチのプリントなどが、その代表的なものであった。60年代のヒッピーを発端として、80年代にブームが再来し、2000年以降にも流行している。〈→ p121〉

⑻シャーベット・カラーキャンペーン

'62年、（社）日本流行色協会提案のシャーベット・トーン（冷菓のシャーベットのように甘く冷たい感触のペール・ピンク、ペール・グリーン、ペール・ブルーなどの、いわゆるパステルカラー）のカラーキャンペーン。東洋レーヨン、資生堂、東芝、伊勢丹、西武百貨店、お菓子の不二家などを中心として、異業種合同の大型カラーコンビナート・キャンペーンが展開され、当時の調査では知名度97.9%という記録的な大ヒットとなった。このことにより、単色だけでなく、パステルトーンという色調への認識を深めさせることになった。〈→ p124〉

1970年代　昭和45年～54年

ビッグルックと「JJ」ファッション

’60年代のシンプルなミニファッションの反動として、’70年代ファッションは、ビッグ[1]でロングのファッションが基本となった。’73年の第1次オイルショックを契機とした自然志向は、ファッションにも大きな影響を及ぼした。アメリカにおけるヒッピー[2]は、ベトナム戦争反対をテーゼとして、長髪、バンダナ、インド綿のブラウスや、絞り染めのシャツにロングフレアスカートやジーンズ[3]といったカントリーライクなファッションによって、自分たちのメッセージを表した。特にヒッピーたちの穿いていたジーンズは、その後世界の若者の基本的なアイテムとなった。またパリコレクションに登場した「KENZO」は、ジプシールック、アフリカンルック、ルーマニアルックなど、フォークロアルック[4]を発表し、’70年代ファッションのトレンドセッターとなった。その流れの中でイヴ・サンローランが発表したサファリスーツは、労働着のタウンウエア化に拍車をかけ、さまざまなヘビーデューティーウエア[5]やアーミールック[6]のタウンファッション化を生み出した。またイヴ・サンローランはパンタロンスーツ[7]やマキシコートを発表し、ビッグルックの牽引車となった。また’50年代リバイバルがあり、花柄のフレアスカートやドレスが人気を呼んで流行した。

わが国の’70年代ファッションは、このパリプレタのトレンドを基本的に継承していくが、’70年代に創刊された新しい女性ファッションとライフスタイル誌によって、わが国独自のファッションも誕生し、新しい潮流を作りあげた。特に '70 年に創刊された「an・an」、'71 年の「non-no」は、パリ発 '70 年代ファッションを紹介するだけではなく、若い女性のファッションとライフスタイルを提案し、「アンノン族」[8]といわれる彼女たちの新しい指針となった。また '75 年「JJ」が創刊され、同誌が紹介したニュートラ[9]、ハマトラ[10]は、高級ブランドの小物に、清潔感のあるファッションで、女子大生や若い女性のファッションバイブルともなった。また '77 年に創刊された「POPEYE」[11]によってウエストコーストのサーファールック[12]やファティーグルックが紹介され、若いメンズファッションのカジュアル化を一層、深化することとなった。また、アウトサイダー[13]の若者たちのファッションとして「暴走族」「ローラー」「パンク」ファッションが取り入れられ、反体制的若者たちの風俗となった。

(1)ビッグルック

'60 年代のミニ旋風の反動からか、'70 年代初頭には、フォークロア・ファッションのジプシールックを契機に、ビッグルック、ロンゲットブームが到来した。わが国でも '73 年頃から大流行し、街にはローブ・ウスのドレス、マキシコート、ミディコートが氾濫し、これに合わせるように裾広がりのベル・ボトムジーンズ（ラッパズボン）や、パンタロンスーツ、それに底の厚いプラットフォームサンダルやシューズが流行し、ビッグサイズの時代となった。またロングヘア、ロングのニットマフラー、厚底シューズなども流行し、長く、大きなファッションが主流となった。〈→ p127,128,129,131,132,136,138〉

(2)ヒッピールック

ヒッピーとは、'60 年代後半アメリカに現れた、ベトナム戦争反対を提唱し、既成の制度、文化、習慣にとらわれない自由な生活様式や服装を求めた若者たちのこと。'67 年、わが国では新宿を中心にフーテン族といわれる若者たちが出現したが、アメリカのような思想性は少なく、ファッションとして登場した。男性は無造作なロングヘア、中南米やインド製の指輪、アフガニスタン風ベストをつけ、インド綿のシャツやタイダイ（絞り染め）のシャツを着て、汚れたベルボトムのジーンズ、インドのバンダナ、タイ製のブレスレットなどのスタイル。女性は、やはりロングヘア、ベスト、インド綿のシャツ、インド更紗のマキシスカートなどを穿いていた。〈→ p126〉

(3)ジーンズルック

ジーンズとは、19 世紀カウボーイたちが着用していたジーン、またはデニム製の労働用の丈夫なパンツのこと。'60 年代後半にヒッピーたちに好んで着用されたため、次第に若者の定番となった。わが国では、'71 年に浜野安宏が著した「質素革命」により、自然志向、環境保護、シンプルライフが提唱され、ジーンズ・ライフの理論的メッセージを構築することとなり、ジーンズブームをひき起こした。'70 年初頭のアメリカ製ジーンズは汚れを特徴にしていたが、'73 年頃にはフレンチジーンズというブリーチアウトした清潔なジーンズやベルボトムのおしゃれジーンズも流行した。またジーンズ素材のスカート、ジャケットなども登場し、ファッションの基本的なマテリアルとなった。〈→ p126,146,147,149,151〉

(4)フォークロアファッション

ヒッピーファッションを契機として、フォークロアファッションへの関心が高まってきた。特に '73 年秋冬コレクションで「KENZO」がビッグなスカートのペザント風のレイヤードルックを発表し、フォークロアファッションの先駆けとなった。以後、「KENZO」は '75 年秋冬に中国ルック、'76 年にはインディアン・ルック、その後もルーマニアルック、インドルック、アフリカンルックなどを次々発表し、'70 年代ファッションをリードしていく。わが国でも '76 年頃から、ジプシールック、スカンジナビアンルック、アーリーアメリカンなどのビッグなフォークロア・ファッションがストリートを席捲した。〈→ p131,132,136,138〉

(5)ヘビーデューティーファッション

ヘビーデューティー（Heavy Duty）とは「過重な任務」の意味で、転じて厳しい自然の中で身を守り、活動できる衣服の意味となった。登山用のマウンテンジャケット、狩猟用のサファリジャケット、木こりの労働着であるヒッコリージャケットとパンツなどがタウンウエアとして登場した。防寒用のダウンジャケット、ヘルメット、エポレット、パッチポケットなどの機能的なデザインが施されており、デザイン性だけでなく、機能性（保温、防寒、防水、防風）なども備わっている '70 年代の代表的カジュアルファッションであった。〈→ p146,150,151〉

(6)アーミールック

元来、「軍服調」のファッションの意味であるが、特に '70 年代のベトナム戦争時にアメリカ陸軍から放出されたサープラスもののこと。特にベトナム戦争における保護色のダルグリーンの軍服をさしており、この感覚をタウンウエアとしてモデファイしたベルト付きのラフなジャケット、パンツをいう。その代表的なものに「迷彩服」があり、ダルグリーン、ベージュ、ブラウンなどを用いて、ワーク的な感覚のタウンウエアとして用いた。〈→ p145,148,150,151〉

⑺パンタロン

パンタロン（Pantalon）は、フランス語でズボンのこと。'63 年、クレージュが発表し、女性たちも着用するようになった。デザイン的には、シガレットパンツといわれるストレートラインではなく、腰からヒップにかけてフィットさせ、下へいくに従って、ゆったりと裾広がりになる形を一般的にパンタロンといった。別名、ベルボトム・パンツともいい、わが国では、'69 〜 '70 年にかけて流行した。〈→ p129,132,137,138,149,153〉

⑻アンノンファッション

'70 年「an・an」創刊。'71 年「non-no」創刊。団塊の世代の女性たちが社会に出る頃、読者と等身大の視点に立った新しいタイプの 2 誌が誕生した。この 2 誌は、パリ・プレタポルテを取り上げたり、日本の若いデザイナーを起用し、また国鉄（現ＪＲ）が展開した「ディスカバー・ジャパン」のキャンペーンに便乗し、日本各地の特集をしたところから、彼女たちのバイブルとなった。「アンノン族」のファッションはティアードのビッグなワンピースや、シュミーズドレス、エプロンドレスを着て、サングラスをつけたり、レイヤードファッションを楽しむことが定番であった。〈→ p136,138〉

⑼ニュートラ

ニュートラとは和製英語で、雑誌「JJ」が、「良家の母親から娘に受け継がれていくさりげないファッション」をコンセプトに提案したスタイル。基本的には、「CELINE」「GUCCI」「HERMES」などの比較的高級な海外のコンサバティブなブランドのブラウス、ワンピースを基本にして、スカーフ、バッグ、ベルトなどの小物を取り入れたファッション。「ellesse」「FILA」などのスポーツブランドにも人気が集まった。'79 〜 '82 年にかけて女子大生や OL の間で一大ブームとなった。〈→ p134,135〉

⑽ハマトラ

ハマトラは「横浜トラディショナル」の和製造語。「JJ」がニュートラに続いて提案した女子大生スタイル。モデルは横浜にある「フェリス女学院」と言われている。横浜元町で見られるアイビーファッションの流れで、「FUKUZŌ」のポロシャツ、「MIHAMA」の靴、「キタムラ」のバッグなど、ブランドにこだわったコーディネートが特徴である。巻きスカートやハイソックスも典型的なスタイル。ニュートラより、やや年齢層が下で、清潔感を強調した白、水色、青などの色使いが多かった。〈→ p130,156〉

(11)「POPEYE（ポパイ）」少年

「POPEYE」とは '76 年に出版された「マガジン・フォー・シティーボーイズ」をキャッチフレーズにした男性誌。アメリカのアイビールックのみならず、西海岸カリフォルニア風の健康的でスポーツ志向のファッションを取り上げた。ヘビーデューティーやワークウエア、スポーツのユニフォームをタウンウエアとして取り上げたもので、当時の大学生を中心に広く普及した。スエットシャツやトレーナーにチノパンツの組み合わせ、足元にはスニーカーを履くという新しいヤングのメンズファッションを確立し、「POPEYE」少年を生み出した。〈→ p156〉

(12)サーファールック

雑誌「POPEYE」が紹介したアメリカのスポーツ＆ファッションで、サーフィンとともにそのファッションが流行した。その代表的なスタイルは、サーファーショップのロゴ入りTシャツやトレーナー、あるいはアロハシャツに短パンやジーンズの組み合わせなどであった。このスタイルが魅力的だったため、サーフィンをせずにサーファ・ファッションを楽しむ、陸サーファーが現われた。〈→ p144〉

(13)アウトサイダーファッション（暴走族、ローラー、パンク）

'70 年代初頭に現れた「暴走族」。バイクやシャコタンに乗って、夜の街を走り回った。ファッションはソリの入ったリーゼント、鉢巻、紺の特攻服、鉄板の入った作業靴や、草履が基本。さらに '78 年にはロックンローラ(ローラー)がフィフティーズルックで登場し、ポニーテールにサーキュラースカート、靴はピンヒールかカッターを履くのがポイントになっている。また後半にはロックと、パンクが一体になって波及した。逆立てたカラーヘアに黒の革ジャケットやパンツを愛用し、破れたジーンズをはき、服にペンキを塗ったり、安全ピンや剃刀などのヘビーメタルをアクセサリーに用いたりした。〈→ 152,154,198〉

1980 年代　昭和 55 年～ 64 年（平成元年）

「カラス族」とボディコンスタイル

'80 年初頭、代々木公園を中心にして、アジア調の原色使いの派手な衣裳を着て踊りまくる若者たちが登場した。彼らのファッションは、原宿竹下通りの「ブティック竹の子」を本拠としたところから、「竹の子族」[1]と呼ばれた。'81年、「COMME des GARÇONS」(川久保玲)、「Y's」(山本耀司)がパリコレクションに、全点、真っ黒ファッションを提示して、西洋のファッション界に大きな衝撃を与えた。この喪服のような黒のファッションは、前衛的なデザイナーや高感度の若者たちの圧倒的な支持を受け、デ・コントラクテッドな黒のファッションブームをひき起こした。わが国では、「カラス族」と言われるほどに街に真っ黒のモノトーンファッション[2]が溢れた。これを契機に'70年代から生まれていたブランドファッションへの憧れが加速度的に昇華して、DCブランド時代が到来することになる。小説家・田中康夫の「なんとなくクリスタル」には、当時の若者たちのブランド志向が余すところなく描かれている。「BIGI」「NICOLE」「ISSEY MIYAKE」「KANSAI」「JUNKO KOSHINO」「JUNKO SHIMADA」など、色々なブランドが登場し、一大ブランド饗宴を繰り広げた。

一方、女性のキャリア志向を反映して、機能性を重んじたキャリア・ファッションも注目を集め、「RALPH LAUREN」「NORMA KAMALI」「TOMMY HILFIGER」「DONNA KARAN」などのキャリア・ファッション、トラッドファッションも一つの潮流になった。特にラルフ・ローレンが提唱したプレッピーファッション[3]は、わが国でも若者たちの人気を集めた。また'80年代後半には、健康志向の風潮と、スポーツ人口の増加を反映して、アスリートファッション[4]がタウンウエアに取り入れられ、スポーツブランドの人気に拍車をかけた。一方、機能的なスポーツファッションへの反動から、上品でエレガントなファッションへの憧れも生まれ、お嬢さまルック[5]が人気を集めた。パリ・プレタポルテのデザイナーのアズディン・アライアが発表した女性らしくウエストを絞ったボディコン・ファッションが人気となり、わが国でも「JUNKO SHIMADA」のワンレン・ボディコン[6]のファッションが人気を集め、女性のラインを強調したファッションが流行した。

以上のようなパリコレ発のファッションとともに、'80年代に創刊された「Olive」、「Hanako」などのファッション誌から「PINK HOUSE」に代表される「オリーブ少女」[7]が誕生し、'70年代の「JJ」「Can Cam」「POPEYE」などの雑誌により提案される、わが国独自の若者ファッションが、ストリートに氾濫し、'80年代は華やかなストリートファッションの時代の幕を開けることになる。その先駆けとして、渋谷を舞台に渋カジ[8]ファッションが展開され、その流れから紺ブレブーム[9]が起こってくる。

(1)竹の子族

'77年頃から、代々木公園を舞台に派手な恰好で、音楽に合わせて踊りまくる若い男女の集団がいた。竹下通りの「ブティック竹の子」を本拠にしていたため「竹の子族」と呼ばれた。淡い色のふわふわの羽飾り、またはピンクや黄色のリボン、グループ名の入った鉢巻、そして衣裳は黄色や白と赤、黄色に赤、黄色に緑のような着物のようなもの、チャイナドレスのようなもの、ベトナムのアオザイのようなものを着て、必須アイテムのハーレムパンツを穿き、プラスチックの長いネックレスを首に掛けているというのが定番スタイルだった。〈→ p165〉

(2)モノトーン・ファッション

'81年、パリコレクションにおいて、川久保玲（COMME des GARÇONS）、山本耀司（Y's）が、全点、真っ黒のファッションを発表し、世界のファッション界に衝撃をもたらした。この黒いファッションは「ミステリアス・ブラック」、「オリエンタル・ブラック」と命名され、ジャンポール・ゴルチエや、カール・ラガーフェルド、ダナ・キャランたちが高く評価するとともに、世界の若者たちに受け入れられて、たちまち、この黒のファッションは全世界に広まった。わが国でも'80年代後半に、DCブランドのマヌカンを始めとして、若者たちが取り入れて、街は黒いファッション一色に染まった。この黒いファッションは、「カラス族」といわれ、'80～'90年代を席捲するのである。〈→ p162,164,166,167,168,169〉

(3)プレッピーファッション

英米の「プレパラトリースクール」、略して「プレッピースクール」に由来する。私立高校に通学する学生たちのちょっと上品な普段着をラフに着るスタイルをさしている。'77年、ラルフ・ローレンが提唱し、わが国にも導入されて、ヤングファッションの定番ともなった。男子ではアイビールックのボタンダウン・シャツやポロシャツ、チノパンなどをラフに着たり、シャツの裾を上に出したり、カーディガンを襟や腰に巻いたりする着こなしが流行した。また「RALPH LAUREN」、「Boat House」、「SEA'S」などのロゴ入りシャツや、トレーナー、素足に履いたデッキシューズなどもヒットアイテムとなった。〈→ p156,178〉

⑷アスリートファッション

'80年代になり、自然志向の中で、ヘルシー志向、スポーツ志向が高まって、アスリートたちのカッコの良いファッションが人気となった。既にTシャツ、トレーナー、ポロシャツ、トレーニングパンツなどが一般化していたが、'77年頃、ジョギングパンツ、ウォームアップシャツなどが流行し、エアロビクスが人気となるとレオタード、スニーカーなどがブームとなった。またスタジアムジャンパーやベースボールキャップなどが爆発的な人気となった。〈→ p177,179〉

⑸お嬢様ルック

'80年代中頃、流行した「お嬢さま」ルックのエレガントなファッション。前衛的、またはアスリートファッション全盛の中で、その反動として生まれた上品で女性らしいファッション。シャネル・スーツ、「PINK HOUSE」のお姉さま版の「INGEBORG」などの、ややウエストを絞り、リボンやフリルをつけたもの。またロングヘア、色白、ピンクの口紅、そしてウエストシェイプのボディコン・ファッションなど、街にはお嬢さまが氾濫した。〈→ p157,159,160,161,172,175〉

⑹ボディコン・ファッション

「ボディ・コンシャス（Body Conscious）」の略語。女性の身体ラインを意識したボディラインを強調した服のこと。'81年、ミラノ・コレクションでデザイナーのアズディン・アライアが発表し、'80年代のスポーティーファッション流行の中で、女性らしさを強調したファッションとして注目された。わが国でも'88年、ジュンコ・シマダが、このボディコンを発表し、一躍ブームとなった。色彩も鮮やかな赤、緑、白などが多く、いかり型で、ウエストをフィットさせ、ナチュラルラインのスカートというのが定番であった。'80年代後半はワンレン、ボディコン、爪長、トサカ前髪が流行し、芝浦のディスコ・ジュリアナ東京に、このファッションの女性が多く集まり、マスコミでも話題になった。

〈→ p158,159,160,161,183〉

⑺「Olive（オリーブ）」少女

'82年に創刊された雑誌「Olive」に由来するガーリッシュなティーンズの少女のこと。少女趣味で、パリのリセエンヌ風のロマンチックなライフスタイルで、常に「可愛らしい」ファッションやグッズ、アクセサリーを好んで身につけている。好みのブランドは「PINK HOUSE」、「田園詩」、「ATSUKI ONISHI」、「VIVA YOU」、「NICOLE CLUB」などで、フリル、ピンタック、レースなどを多用して、装飾性豊かに創りあげた重ね着ファッションである。色彩は、白、赤、ピンクなどを主調としたロマンティックカラーである。'80年代は「オリーブ少女」ブームがブレイクしたが、以後も一定のファンをつかんでいる。〈→ p172,173,175〉

(8)渋カジ

「渋谷カジュアル」の略である。'89年頃、渋谷のセンター街周辺に集まってくる裕福な大学生、高校生が着ているカジュアルなレイヤードファッション。ストライプのシャツにインポートのジーンズ、Vネックのカシミアのセーター、ポロシャツ、レザーのハーフコートなど、比較的、上品で、リッチな感じがポイントである。'89年以降にはテイストも変化し、エスニック調やカントリー調が中心になり、エスニック柄のシャツやセーター、スエードのジャケットにスカートが人気を呼んだ。'90年以降には紺ブレがブームになり、渋カジの代表的アイテムとなった。〈→ p178,179,180〉

(9)紺ブレ

紺色のブレザーの略語。渋カジファッションの流れで出現したヒットアイテムの一つである。'90年頃に渋谷に集まる大学生たちから流行しはじめ、雑誌「POPEYE」や「BRUTUS」が特集を組んだことを契機に、またたく間に一大ブームとなった。基本的な着こなしは、紺のブレザーとジーンズを組み合わせたり、インナーにTシャツ、トレーナー、マドラスチェックのシャツなどを組み合わせたり、さまざまな着こなしのバリエーションが登場した。〈→ p178,187〉

1990年代　平成2年〜11年

そしてストリートファッションの時代の到来

'90年代ファッションは、'89年の渋カジファッションの台頭によって幕を開けた。この渋カジは、コギャル[1]を中心とした、ちょっと汚れたグランジファッションから、次第にフレンチカジュアルのキレカジファッション[2]に変化していく。またコギャルたちは、スクールガールルック[3]を基本にして、ルーズソックス、ロリータファッション[4]、ヤマンバファッション[5]など、従来にない斬新なファッションを作り出した。'96 年の「SHIBUYA109」は改装によって、ティーンズ向けブランドを導入することにより、渋谷はティーンヤングのメッカとなり、高校生が流行をリードした。また安室奈美恵風の茶髪、金髪、ガングロ、超ミニスカートのティーンズのギャル[6]を中心として、年齢の若い「コギャル」、年上の「お姉ギャル」や、その連れの「ギャル男」などのギャル感覚の若者たちが '90 年代ファッションを牽引することになる。

'90 年代、東京のファッションストリートには海外のスーパーブランドが続々と路面店を出店したが、この影響を受け、若い女性の中には全身を海外ブランドで着飾るというフリークファッション[7]も出現した。このストリートファッションは、次第に海外コレクションを凌駕して、新しいファッションを生み出す最有力のメディアとなった。カール・ラガーフェルドや、ジョン・ガリアーノなどの世界的に著名なデザイナーが日本のストリートファッションの調査を行うほどである。これに呼応するように、'96 年の「Cawaii!」をかわきりに、'98 年の「東京ストリートニュース」および「Ranzuki」、2000 年の「S-Cawaii!」や「Ego*system」などのストリート系雑誌の創刊が相次ぎ、読者と等身大のティーンズを数多く紹介したため、コレクションより早く、ストリートファッションがファッション全体の先駆けとなっていった。彼らは、ファッションこそ、自己表現の手段と考え、衣服だけでなく、ヘアスタイル、ヘアカラーリーング、日焼けした小麦色の肌、ピアス、タトゥー、ネイルアートなどを施して、身体全体で自己のメッセージを発信しているのである。

またギャルのファッションに連動するかのように、男性ファッションでは、裏原宿[8]やキャットストリートに有力なセレクトショップが出現したのを契機として、若い男性のファッション化を促し、それがやがてギャル男やカマ男やセンターGUYに繋がっていく。このようにストリートファッションが注目を浴びると同時に、「下妻物語」に代表されるマンガ、アニメ、映画の衣裳をヒントにしたコスプレ[9]が脚光を浴び、市民権を獲得して一つの社会現象となっていく。特に海外から「ジャパンクール」の代表的な表現と解釈され、コスプレは世界的に普及している。なお、一般的なファッション傾向としては'70年代リバイバル[10]が席捲した。

⑴コギャル

子どもの「ギャル」の意味で「コギャル」。まだ「ギャル」にならない年齢層で、感覚だけは「ギャル」の高校生や中学生のこと。オンタイムは、ブレザー、ブラウスにベストと短い丈のタータンチェックスカート、そしてルーズソックスが定番。オフタイムには、「キレカジ」が主流だが、なかには「ギャル」予備軍として、茶髪、小麦色の肌、ロングセーターにスパッツ、レザーブーツを履いて、白の口紅に白いマニキュアをする「コギャル」も出現した。〈→ p186,187,190〉

⑵キレカジ

「渋カジ」が、次第にダーティーファッションに変化していく反動として、「きれいなカジュアルファッション」、すなわち「キレカジ」が女子高校生を中心として台頭してきた。その基本は「フレンチカジュアル」(略称フレカジ)で、「agnès b.」、「KOOKAI」、「NICE CLAUP」などのブランドが人気を集めた。「agnès b.」のロゴ入りTシャツとキュロットスカート、またマリンストライプのTシャツに白のジーンズを組み合わせるなど、シンプルで清潔感のある、上品なコーディネート・ファッションが主流となった。〈→ p184,185〉

⑶スクールガールルック

'90年代はファッションをリードしたのは、高校生や中学生だった。特に紺のブレザーにタータンチェックのミニのスカートのコーディネート、ルーズソックスは定番となった。また彼女たちのプライベートスタイルは、「フレカジ」が中心だったが、次第に「L.A.」スタイルが多くなり、ロングに茶髪、シープスキンのブーツを履くスタイルが多くなった。さらに'95年にはチビT、ピタTシャツにデニムのホットパンツやミニスカートのスタイルも出現した。

〈→ p184,185,187〉

⑷ロリータファッション

過度にロマンティックで少女趣味的なファッションの総称。'80 年代に人気があった「PINK HOUSE」、「田園詩」、「MILK」などに由来する。小説・映画・漫画の「下妻物語」で一躍、有名になる。基本的にはロココ時代のローブ・アラ・フランセーズ調スタイルを模したもので、白いフレアスカートの下には、パニエを着用し、ボリュームを出す。ストレートヘアの姫カット、頭に大きなリボン、ボンネットなどをつける。靴下はフリルやレース付きの長いソックスを履く。その下にウッドソールの厚底靴、バレリーナシューズ形のパンプスなどの靴を履いたりしている。〈→ p199〉

⑸ヤマンバ

'98 年頃から数年、コギャルの間でみられた化粧法とファッション。またその人のこという。ヤマンバとは伝説や昔話に登場する山姥に似ているところからくる言葉。コギャル・ファッションの一種で、茶髪に白くまだらのメッシュを入れたり、真っ黒に日焼けした顔（ガングロ）にパンダ・メイクを施したギャルのことである。'03 年頃、マンバとして復活した。〈→ p193〉

⑹ギャルファッション

ギャル（gal）とは '70 年代にとんがったファッションを身につけた女性の総称であった。'90 年代に女子中学生などを「コギャル」というようになり、'90 年代後半には、お姉系の女性を含めたティーンズの総称となった。'96 年、「SHIBUYA109」のリニューアルによって、「EGOIST」、「COCOLULU」、「mejane」などがオープンし、渋谷はギャルファッションのメッカとなった。茶髪、金髪のヘアダイで、健康サロンなどで焼いた小麦色の肌、黒系のファンデーションで厚塗りの化粧、そして '60 年代風のマイクロミニのスカートやサイケデリックなミニ・ドレス、厚底サンダルやブーツ、ルーズソックス、ローライズの G パン、ルイ・ヴィトンのバッグなど、健康テイストの元気の良いファッションが特徴であった。沖縄生まれのシンガーの安室奈美恵が理想的なモデルであった。

〈→ p190,191,192,193,206,209〉

⑺フリークファッション

'90 年半ばに登場した海外のスーパーブランドフリークの総称。代表的なブランドとして、シャネルフリークの「シャネラー」、ルイ・ヴィトンの「ヴィトナー」、グッチの「グッチャー」など、変なネーミングがつくほどの人気となった。基本的にはサングラス、イヤリング、ブラウス、コート、スカーフ、バッグ、靴にいたるまで全てにブランドロゴをつけて、コーディネーとしているが、ポイントはバッグやスカーフのアクセサリーで、シャネルのトートバッグ、ルイ・ヴィトンのモノグラムバッグなどが定番であった。〈→ p188,189,202,203〉

⑻裏原宿系ファッション

'93年頃、原宿明治通りの裏道に「NOWHERE」というセレクトショップがオープンしたのを契機として、数多くのメンズショップが集まりだし、感度の高い若い男性たちが、この裏原宿のカジュアルウエアを求めて集まりだした。彼らが求めたファッションは、グラフィックなロゴ入りのキャップやイラスト入りのTシャツやトレーナー、ダーティーなジーンズや、カーゴパンツ、足元にはスニーカーなどのカジュアルウエアであった。また黒の革ジャン、ライダージャケット、ボンデージパンツなどのパンクファッションも、彼らのお気に入りのファッションであった。〈→ p194,195,200,214,215〉

⑼コスプレ

コスチューム・プレイの略。元来は、演劇などの舞台衣裳や、有名人のファッションを真似た衣裳をさした言葉である。現在は、人気のアニメやゲームの登場人物に似た衣裳の総称になっている。キュートでロマンティックなロリータ系とゴシック系で黒っぽく悪魔的な雰囲気をもつゴシック系の2通りに分かれている。また有名ブティックが独自につくったコスプレや、女学生、メイドなどのコスチュームなども含んでいる。衣裳は手作りが基本。コスプレは日本だけのものではなく、たとえばコミック人気が高いフランス、アメリカでも盛んに行われ、世界的に広がっている。〈→ p198,199〉

⑽'70年代ファッション・リバイバル

'90年代には、フォークロアファッションを始として、エスニック、ヒッピースタイルなど'70年代を彩ったファッションが流行した。アイテムとしてはロングスカート、ヒップハンガーのベルボトムパンツ、ジーンズファッション、そしてタイダイの絞り染め、プラットフォームやウエッジソールのサンダルなどが、'90年代風のラフな着こなしのもとに登場した。〈→ p200,201,225〉

2000年代　平成12年以降

「かわいい」「エロかわいい」セレブへの憧れ

世紀が明けた2000年代初頭は、依然としてバブル崩壊の後遺症である経済的不況が続いていた。2000年代も引き続き、世界的な著名デザイナーが日本のストリートファッションに関心をもち、ストリートファッションが世界的な注目を集めているが、バブル崩壊の社会的な気風を反映してか、ファッションは控えめなコンサバ志向が戻ってくる。このコンサバ志向を反映して、海外の高級ブランドの進出が目覚しく、東京のメインストリートには、「Salvatore Ferragamo」、「GUCCI」、「HERMES」、「Christian Dior」、[LOUIS VUITTON] などのスーパーブランドの旗艦店が軒並み出店することとなった。このコンサバ志向は、セレブ(1)に対する憧れとなり、雑誌やテレビに登場するビクトリア・ベッカムやジェニファー・ロペス、松嶋菜々子などのセレブたちのファッションを取り入れることになった。さらに名古屋(2)や神戸(3)に住んでいる令嬢たちのファッションも雑誌に紹介されて人気を集めた。彼らにとって等身大の雑誌モデルに対する憧れも強くなり、特に「Can Cam」モデルの蛯原友里や押切もえのエビちゃんスタイルやもえちゃんスタイル(4)を真似るファッションが多くなった。また従来のシネモードに代わり、マンガ「NANA」(5)がファッションの有力なアイデアソースになった。そしてストリートのファッション化とともに、今やストリートファッションは、ファッションストリートから作り出されている。このような風潮を反映して、ギャルたちの、従来のケバケバしいファッションは下火になり、「かわいい」、「エロかわいい」をコンセプトにして、茶髪から黒髪に、ガングロから美白に、フリルつきのワンピースは、Ｉラインの花柄ワンピースに変化していった。また '01 年に創刊された「LEON」に紹介されている高所得で遊び上手な「オヤジ」ファッション(6)も人気を集めて、中年男性のファッションテキストになった。また若い男性のファッション化も盛んになり、ギャル男、カマ男、センター GUY も出現。さらにヒップホップのB -Boy の影響を受けたB系ファッション(7)も注目されている。

(1)セレブカジュアル

'90年代末からハリウッド女優やスーパーモデル、歌手、良家の子女をさす言葉として、セレブが注目され、彼女たちのフォーマルなドレスやリッチなファッションだけでなく、ジーンズを基本とした日常着にも関心が集まった。ブリトニー・スピアーズやジェニファー・ロペスなどの人気歌手・女優やヒルトン姉妹などの大富豪の令嬢のファッションが10〜20代をターゲットとしたファッション雑誌に取り上げられ、これを真似する女性が出てきたことが端緒である。セレブたちは、ジーンズにTシャツといったラフな格好でも、高価なブランドもののバッグやアクセサリーをさりげなく使い、セレブならではの存在感と気負わない感じが、若い世代たちにかっこいいと映って取り入れられるようになった。別名、LAセレブファッション。〈→ p207,213〉

(2)名古屋嬢

名古屋で暮らすお金持ちのお嬢様のこと。母親と一緒にブランド品を身にまとい、高級車を乗り回し、ゴルフやお稽古をたしなみ、結婚するまで家事手伝の花嫁修業を続けるというのが、特徴的なライフスタイルといわれる。ツイードのジャケットにフレアスカート、リボンアクセントのワンピースなど、フェミニンはコンサバ・ファッションが根底にあるものの、バッグやアクセサリーは「CHANEL」や「HERMES」などのブランド物で揃え、ゴージャスでエレガントな雰囲気のスタイルをしている。長く緩やかなウエーブを効かせた髪型をしており、これが「名古屋巻き」と呼ばれて全国の女性たちに広まった。〈→ p223〉

(3)神戸エレガンス系

神戸エレガンス系とは、神戸の山の手エリアに住む富裕層の女性が好むエレガントなスタイルがベースであり、ブランド志向の高い洗練されたファッションのこと。2000年頃からファッション誌でさかんに取り上げられ、全国的に流行した。カーディガンのアンサンブルにミニスカート、ウエストをマークしたワンピースなど、上品でコンサバティブな雰囲気のお嬢様ファッションが特徴であり、ジャヴァグループの「QUEENS COURT」や「VICKY」など、神戸発のブランドが話題となった。〈→ p223〉

(4)エビちゃん系ファッション、もえちゃん系ファッション

「エビちゃん」とは女性誌「Can Cam」の専属モデルで、同誌に登場するモデルの中でも高い人気を誇る蛯原友里の愛称。彼女のフェミニンなワンピースやフレアのスカートなど、キュートで可愛らしいファッションを意味する。潤ったリップ、カールの程よく効いたヘアも人気の的になった。また「もえちゃん系」とは、

「Can Cam」の姉妹誌「Ane Can」専属モデルの押切もえが着用する服の系統のこと。フェミニンでキュートなエビちゃんに対して、ストライプのシャツやマニッシュなパンツスタイルなど、クールで知的、大人っぽいイメージのファッションのことをさす。また、カジュアルな服を格好良く着こなすということから「もえカジ」という言葉も生まれた。〈→ p222〉

⑸ NANA ファッション

矢沢あい作の超ベストセラーマンガ「NANA」の主人公のロックシンガーに由来するファッションのこと。「Vivienne Westwood」の黒いTシャツにヒョウ柄のボアジャケット、赤のミニプリーツスカートにエンジニアブーツ、黒のボブヘアにチョーカーやリストバンド、ピアスをつけたパンクファッション。以前は、原宿に集うヴィジュアル系バンドのファンの“コスプレ”といわれたような格好が、最近はディープなファン以外の普通の女の子たちにも広まってきている。
〈→ p226〉

⑹「LEON（レオン）」オヤジ

レオン・オヤジとは、'01 年に創刊された、雑誌「LEON」の読者層に代表される、30 ～ 50 歳代の男性たち。バブル時代に青春を過ごし、年収 1000 万円以上の高額所得者である、いわゆる「オヤジ」と呼ばれる男性たちのこと。そのファッションは、イメージモデルをつとめるパンツェッタ・ジローラモに代表されるイタリアン・ファッションがベースとなっており、仕立ての良いジャケットに胸をはだけたシャツ、プレミアム・ジーンズに上質な靴や時計、アクセサリーを取り入れた、女性の視線を意識した、ワイルドでセクシー、リッチでインテリジェンスのあるスタイルが特徴である。〈→ p212〉

⑺ B 系ファッション

B 系の B は、黒人の B、Bad Boys の B、さらに Break Dance や、Break Beats の B に由来するなど諸説がある。いずれにせよヒップホップ系のダンスを踊るダンサーのことを B-Boy といい、彼らのファッションを基本とするファッションのことをさしている。基本的なスタイルは黒のだぶだぶのトレーナーで、つなぎやバギーパンツ、また女性は黒い肌の露出が多く、ビキニにマイクロミニを穿いている。ゴールドやシルバーのアクセサリーをじゃらじゃらとつけ、ハイカットのスニーカーやブーツ、女性ではハイヒールを履いている。〈→ p227〉

【主たる参考文献】順不同

「写真にみる日本洋装史」　遠藤武＋石山彰著（文化出版局／ 1980 年）

「近代日本服装史」　昭和女子大学被服学研究室編著（近代文化研究所／ 1971 年）

「日本婦人洋装史」　中山千代著（吉川弘文館／ 1987 年）

「日本衣服史」　永島信子著（芸艸堂／ 1933 年）

「日本のレトロ・スタイルブック」　オリベ出版部編著（㈱織部企画／ 1987 年）

「ストリート ファッション 1945―1995」　アクロス編集室（PARCO 出版／ 1995 年）

「ストリートファッションの時代」　渡辺明日香著（明現社／ 2005 年）

「ファッション・アイ」　箱守廣著（繊研新聞社／ 1979 年）

「流行うらがえ史」　うらべまこと著（文化出版局／ 1982 年）

「時代の気分を読む」　千村典生著（グリーンアロー出版社／ 1996 年）

「戦後ファッション盛衰史」　林邦雄著（源流社／ 1987 年）

「族たちの戦後史」　馬渕公介著（三省堂／ 1989 年）

「色彩の発見」小町谷朝生著　（日本放送出版協会／ 1992 年）

「明治風俗史」上下　藤沢衛彦著　（三笠書房／ 1941 年）

「女学生の系譜　彩色される明治」本田和子著　（青土社／ 1990 年）

「ファッションの原風景」城一夫著　（明現社／ 1998 年）

「モダン昭和展」パンフレット　（日本放送出版協会／ 1987 年）

「黒髪と化粧の昭和史」廣澤栄著　（岩波書店／ 1993 年）

「カラーコーディネーションの基礎」東京商工会議所編　（東京商工会議所／ 2001 年）

「カラーコーディネーションの実際　ファッション色彩」東京商工会議所編
（東京商工会議所／ 2003 年）

「江戸・東京はどんな色」小林忠雄著　（教育出版／ 2000 年）

「Fashion　Color　Handbook」日本流行色協会編　（日本流行色協会／ 2002 年）

「史料が語る明治の東京 100 話」日本風俗史学会編　（つくばね舎／ 1996 年）

「図説　東京流行生活」新田太郎他共著　（河出書房新社／ 2003 年）

「江戸東京年表」吉原健一郎他編　（小学館／ 2002 年）

「現代風俗史年表」世相風俗観察会編　（河出書房新社／ 1986 年）

「明治百年日本伝統色」日本流行色協会編（日本流行色協会／ 1967 年）

【資料提供】順不同

桑沢デザイン研究所　織田デザイン専門学校　毎日新聞社　東洋紡
株式会社ゴールドウイン

日本のファッション年表

	ストリートファッション	流行色
1868 明治元年	和洋折衷スタイル流行 一般女子黒襟の着物姿多し	黒 (~ 昭和前期まで続く) 柳鼠 (~ 明治初期) 深川鼠 (~ 明治初期) 梅鼠 (~ 明治前期) 福助色 (~ 明治 28 年頃まで)
1869 明治 2 年		鉄納戸 (~ 明治前期) 鳩羽鼠 (~ 明治初期) 錆青磁 (~ 明治前期)
1870 明治 3 年	とんびの着用始まる 大阪で平民のコウモリ傘、合羽使用 ブランケット着用	
1871 明治 4 年	シャッポ流行 婦女子の斬髪	
1872 明治 5 年	書生羽織大流行	錆青磁 (~ 明治前期)
1873 明治 6 年	洋風斬髪流行 毛皮襟巻き登場	
1874 明治 7 年	マント流行 長襟巻き流行 御所解きの友禅 官吏の髭流行 長襟巻き流行	

ファッション一般	社会・生活
慶喜上洛の際、随行者洋服多し 天皇服制に関する意見を求める 礼服の唐風を廃止し、衣冠・束帯を正服とする	江戸城開城 王政復古 江戸を東京とする詔書 東京・横浜・大阪で新聞の発行が盛んになる 慶応義塾開校
兵制（陸軍はフランス、海軍はイギリスと決定）	東京・横浜間の電信 東京遷都 藩籍奉還
華族のお歯黒、剃眉禁止 陸軍服制制定 明治天皇洋服を着用 メリヤスの下着普及する	靴の製造開始
散髪脱刀令出る 警察官服制制定 平民の羽織袴の着用許可 慶応義塾、仕立て屋開業 巡査、郵便配達が制服を着る	廃藩置県 洋服屋繁盛し、駕籠屋廃れる 最初の女子留学生渡米
海軍服制制定 礼服に洋服制定 西洋婦人築地で洋裁教える 皇女和宮バッスルスタイル	東京・横浜間鉄道開業 東京日日新聞創刊 郵便制度確立 資生堂創業
洋服屋繁盛	東京銀座レンガ街完成 徴兵令
消防官服制制定 巡査の制服定める	読売新聞創刊 邏卒・番人を巡査と呼称 大阪・神戸に鉄道開通 銀座のガス灯点火 木村屋「あんパン」考案

	ストリートファッション	流行色
1875 明治 8 年	女学生の小倉袴着用	紺 (~ 明治中期) 鉄紺 (~ 明治中期)
1876 明治 9 年	書生羽織・兵児帯人気 東京で斬髪一般化する	
1877 明治 10 年	山高帽地方で流行	
1878 明治 11 年	少女でシャツを着用 お高祖頭巾流行	藍系から鼠系へ
1879 明治 12 年	官吏の髭大流行 洋傘流行	鶯茶 (~ 明治 13)
1880 明治 13 年	ショール流行 巡査夏服・白の小倉織	茶 鶯茶
1881 明治 14 年	地方で靴利用者現われる	
1882 明治 15 年	とんび流行 こうもり傘大流行	鹿鳴館で紫、藤色、ピンク多し 藍鼠 (~ 明治中期) 利休鼠 (~ 明治中期) 梅紫 (~ 明治中期)
1883 明治 16 年	上流婦人にバッスルスタイル 官公吏、警官、郵便配達、 軍人の洋装化 書生の麦わら帽子流行	白茶
1884 明治 17 年	婦人の洋式日傘流行 上流婦人に「夜会巻」	
1885 明治 18 年	女子師範の学生洋装始める 束髪流行	

ファッション一般	社会・生活
女子師範の学生・教員洋装を始める	東京女子師範学校創設 アトキンソン「ジャパンブルー」と命名
	軍人・官吏以外に佩刀禁止令出る
官吏の略礼服にフロックコート 友禅型染の普及	西南戦役起こる 第１回内国勧業博覧会開催
無鉛白粉発売	日本初の電灯
毛糸生産始まる	朝日新聞創刊
	浅草間鉄道馬車の設置許可 上野博物館創立
	国会開設 人力車盛ん
銀座に洋服店できる 官立学校 男性の制服定める	早稲田大学設立 銀座でアーク灯点灯
	鹿鳴館完成
華族に大礼服制度定める	華族令発令
華族女学校「海老茶袴」採用 「婦人束髪会」設立	内閣制度発足 浅草仲見世新築

	ストリートファッション	流行色
1886 明治 19 年	商人に鳥打帽	
1887 明治 20 年	女子学生の袴流行 男子の服装フロックコート盛ん	臙脂色 (明治中期) 藍鼠 (~ 昭和前期)
1888 明治 21 年	和装小紋流行 洋服やや衰える	納戸色 お召茶 (明治中期)
1889 明治 22 年	薩摩絣の洋服流行 フランネルのシャツ流行	
1890 明治 23 年	日本髪復活する きもの復活	鼠系 (利休鼠、鳩羽鼠、藤鼠)
1891 明治 24 年	絣の書生羽織流行	臙脂色 (明治中期) 桜鼠 (~ 明治 30)
1892 明治 25 年	元禄模様のきもの人気 黒縮緬の紋付羽織	生壁鼠 (明治中期) 梅紫 (明治中期) 雀茶 (~ 明治末期)
1893 明治 26 年	雪駄、パナマ帽流行	草色 (上流婦人に)
1894 明治 27 年	短いコート流行 ショール人気	
1895 明治 28 年	紳士に「三つ揃」スーツ定着 男の丸刈り	紫紺鼠 (~ 明治 29) 小豆紫 (~ 明治 38) 牡丹色 藤色

ファッション一般	社会・生活
伊勢丹開業 白木屋洋服舗開業	帝国大学令 最初のコーヒー店開業
跡見女学校「紫袴」採用	銀座の柳 鹿鳴館で白熱電灯
三越洋服店開業	「東京朝日」発刊 壮士活動盛ん
女子高等師範開校 大磯で婦人の海水浴始まる	歌舞伎座開業 東海道線開通 大日本帝国憲法発布
白木屋吾妻コート売り出す 司法官・弁護士服制制定 ヨーロッパでアールヌーボー様式隆盛	帝国ホテル完成 浅草十二階完成
	職業婦人進出 奥羽本線開通
女性のドレスにS字型シルエット現われる	
女高師、日本服制定 弁護士服制定	
	日清戦争勃発 旅順攻略
地方で靴の使用増加	下関条約成立 博報堂創立

	ストリートファッション	流行色
1896 明治 29 年	婦人のとんび流行	松皮鼠 利休鼠 藤鼠 媚茶
1897 明治 30 年	吾妻コート大流行 高価な婦人傘流行 元禄風のきもの流行	栗梅 金茶 (~ 明治 41)
1898 明治 31 年	白絹のショール人気	焦茶 海松茶 利休茶
1899 明治 32 年	女子学生の海老茶袴	海老茶人気 相変わらず鼠人気
1900 明治 33 年		
1901 明治 34 年		小豆 (明治 34~36)
1902 明治 35 年	とんび流行 ひさし髪流行	
1903 明治 36 年	シルクショール流行 吾妻コートにレースの襟巻	オリーブ色 (~ 明治末期) 大流行 似せ紫 (~ 明治後期)
1904 明治 37 年	セル地のきもの人気	苔色 (~ 明治後期)
1905 明治 38 年	元禄模様流行 下田髷の流行 学生の腕時計人気	新勝色 (~ 大正) 満州茶 (~ 大正) 洗朱 (~ 明治後期) 退紅色 (~ 明治後期) 鶯色 (~ 明治後期)

ファッション一般	社会・生活
	日清戦争勝利により復古調強まる 豊田佐吉動力織機発明
ハイカラとバンカラ語流行 スミレ印西洋肉色白粉輸入される	金本位制実施 尾崎紅葉「金色夜叉」刊 京都大学設立
	輸入時計大人気 毎日新聞記者の新造語「ハイカラ」
	映画「日本率先活動大写真」上映 新橋にビヤホール開店
	女子英語塾 (津田英語塾) 開校 初の公衆電話
シンガーミシン輸入	日本女子大学創立 赤いポスト登場
ハイカラ 4cm の高襟となる	皇太子ご成婚 三井呉服店女子社員採用
女子学生の「ハイカラさん」人気	路面電車開通 小杉天外「魔風恋風」
三越、デパート化 レース編物流行	日露戦争始まる 203 高地占領
陸軍戦時服にカーキ色採用	日本海海戦 ポーツマス講和会議 夏目漱石「吾輩は猫である」 「婦人画報」創刊 遠藤波津子理容館を創業

	ストリートファッション	流行色
1906 明治 39 年	ショール肩掛け流行 婦人髪二百三高地大流行	肉色 (~ 明治後期)
1907 明治 40 年	リボン大流行 男子角刈り流行	金茶 江戸紫 (~ 大正)
1908 明治 41 年	丸髷・ハイカラ流行	鶯色 (~ 明治後期)
1909 明治 42 年	庇髪廃れ、丸髷・ハイカラー流行 光琳模様のきもの人気	
1910 明治 43 年		新橋色 (明治末期 ~ 大正)
1911 明治 44 年	女給のエプロン姿人気 セーラー型男女子供服	若竹色 (~ 大正初期)
1912 大正元年	耳隠し流行 女学生のリボン大きくなる	鈍色 (~ 大正初期) 黒 (~ 大正初期)
1913 大正 2 年	皮製のオペラバッグ流行	藤色 (~ 大正中期)
1914 大正 3 年	学生マント流行 カチューシャ流行	薄曙色大流行 長春色 (大正前期)
1915 大正 4 年	パーマネント流行 カフェの女給白いエプロンをする	
1916 大正 5 年	男性にオールバック流行	うこん色 (大正中期 ~ 後期) 臙脂色 (大正中期 ~ 後期)

ファッション一般	社会・生活
ワグネル「簡易生活」を提唱 国産初の肉色白粉発売 「婦人世界」創刊	
白洋舎営業開始 「婦人の友」創刊 女性のスポーツウエア現われる	足尾銅山ストライキ 「婦系図」連載始まる 自動車第1号生産
「少女の友」創刊	
ハイカラ・バンカラ流行 伊勢崎「解し絣」発明	東京山手線開通 森永チョコレート発売
	日韓併合 「婦女界」創刊
セーラー型子供服発売 シマウマ型水着人気	帝国劇場オープン 「青鞜」創刊
	明治天皇崩御 大正と年号を改元
宝塚の女子学生、緑の袴着用	宝塚少女歌劇団設立 森永ミルクキャラメル
三越開店「今日は帝劇　明日は三越」の キャッチフレーズ	第1次世界大戦に参戦 東京駅落成
銀ブラという言葉が使われる 女学生にブルーマーが普及	大正天皇即位式 「ゴンドラの唄」ヒット
竹久夢二人気作家となる 高畠華宵人気作家となる パーマネントウエーブ始まる	「婦人公論」創刊

	ストリートファッション	流行色
1917 大正 6 年		
1918 大正 7 年		紫色 (大正中期 ~ 昭和前期)
1919 大正 8 年		大正緑 (大正中期 ~ 後期)
1920 大正 9 年	和洋折衷 モスリン時代	
1921 大正 10 年		薄曙色大流行
1922 大正 11 年	和服にズロース 海水着の登場 アイシャドー流行 断髪・オールバックなど流行	
1923 大正 12 年	正ちゃん帽 「行方不明」（髪型）流行	
1924 大正 13 年	アッパッパ流行 「耳隠し」（髪型）流行	コバルトブルー (~ 昭和前期)
1925 大正 14 年	モボ・モガファッション 男性英国風スタイル 洋風化粧 パーマの流行 ルパシカ流行	

ファッション一般	社会・生活
腕時計普及	浅草オペラ始まる ロシア革命
山脇高女洋服を制服	米騒動 松下電気産業創業
青バス女車掌白襟制服着用	高島屋、松屋、白木屋オープン 並木婦人洋裁教授所開校
シャネルのジャージ素材のドレス パリのクチュールの黄金時代	戦後恐慌はじまる 大正デモクラシー 生活改善運動
	三越の女店員・事務服を採用
百貨店婦人子供服売り場開設 資生堂コールドクリーム発売 マネキンガール登場 パリモードの紹介始まる	不景気、住宅難 ダンスホール出現 職業婦人の台頭 「令女界」創刊 文化裁縫女学院開校
シャネル「ギャルソンヌルック」発表 白木屋店員に洋服着用を奨励 白木屋既製服発売開始	関東大震災 丸ビル、帝国ホテル開業 初の美容院
東京市乗合自動車の女性車窓・赤襟制服を着用	カフェ大繁盛
イレギュラーヘムの人気	ドレスメーカー女学院開校 ダンス流行取締り NHK ラジオ放送開始

	ストリートファッション	流行色
1926 昭和元年	ローウエストのショートスカート セーラーズボンの人気 お釜帽流行	洗朱 (~ 昭和前期) 海老茶 (~ 昭和前期) 納戸色 (~ 昭和前期) 葡萄鼠 (~ 昭和前期)
1927 昭和 2 年		青磁色 (~ 昭和前期) 蘇芳色 (~ 昭和前期)
1928 昭和 3 年	スカート丈膝小僧がでるほど短くなる ラッパズボン流行	杏色 (~ 昭和前期)
1929 昭和 4 年	ロイド眼鏡流行 アッパッパ大流行	白
1930 昭和 5 年	着物に狐の襟巻き ロングスカート流行し始める 銘仙のきもの大流行	日本の伝統色見直される (茶、鼠、黒、朱)
1931 昭和 6 年	女学生のセーラー服定着	葡萄鼠 (昭和前期) 白 (昭和前期)
1932 昭和 7 年	シネモード盛ん	
1933 昭和 8 年	ファーコート ガルボ風ヘア	ベージュ 海老茶
1934 昭和 9 年	開襟シャツ流行 スリム & ロングスタイル	カーキ色を国防色に制定
1935 昭和 10 年	チロリアンルック 宝塚調・緑袴のファッション人気	

ファッション一般	社会・生活
パトゥーのロングドレス人気 パリモード情報導入盛ん	昭和に改元 今和次郎「銀座の服装調査」 同潤会アパート 金融大恐慌
フラッパーガールの急増 女性らしさ復活(スカートがロングへ) 三越で初めてのファッションショー	エロ・グロ・ナンセンス流行 初の地下鉄開通
スキャパレリの台頭 ターキーの男装人気	
フェミニンルックの傾向現われる	カジノ・フォーリー発足
フェミニンファッション流行 ハンドバッグに蛇、トカゲの皮用いる	世界恐慌 大量失業 シック流行語となる
	満州事変 戦時生活はじまる 日本で初のトーキー映画製作
ジッパーの発明 白木屋の火災でズロース流行	上海事変 白木屋大火災 ファシズム台頭
ハリウッド映画風ファッション流行 ニナリッチの登場	軍需景気 国際連盟脱退
シルクなどのフェミニン素材の人気 パーマネント普及	「服装文化」(後の「装苑」)創刊
千人針始まる	「天皇機関説」批判

	ストリートファッション	流行色
1936 昭和 11 年	かつら流行 キュロット人気	
1937 昭和 12 年	スーツの肩幅広くなる	
1938 昭和 13 年	白衣の天使人気 もんぺ登場 夏の女性、洋装急増	
1939 昭和 14 年		国防色 (~'47) 紺色 (~'47)
1940 昭和 15 年	国民服・もんぺ ユーティリティールック	
1941 昭和 16 年	もんぺ 防空頭巾 ゲートル	
1942 昭和 17 年	女性の標準服一般化 ミリタリー調スーツ	
1943 昭和 18 年		
1944 昭和 19 年		
1945 昭和 20 年	もんぺ 国民服 予科練スタイル 怒り肩にショートスカート	フレイムレッド (~'49) ビリヤードグリーン (~'49) サーモンピンク (~'49)

ファッション一般	社会・生活
スポーツウエアの街着化	軍国ムード高まる 2.26 事件
綿や純毛不足 (スフ時代) 千人針の流行	日中戦争勃発
戦時下の機能服 繊維統制・衣生活が不自由となる 女性のロール巻きの髪型流行	国家総動員法 映画「愛染かつら」ヒット
♪「青い背広で…」人気 学生の長髪・パーマ禁止	第二次世界大戦開始 「産めよ殖やせよ」
国民服制定 衣服更正時代に入る 「きものノ絵本」創刊	日独伊三国同盟 贅沢は敵だ 隣組発足
実用第一のファッション時代	太平洋戦争 統制経済期
婦人標準服 (和服・洋服) 制定	衣料切符制実施 米映画禁止 日本本土初空襲
	女子動員強化 学徒兵入隊
	空襲激化
	第二次世界大戦終了 「リンゴの唄」大ヒット 闇市、進駐軍

	ストリートファッション	流行色
1946 昭和21年	パンパンルック ショルダーバッグ ボールドルック ショートスカート	原色調のアメリカンカラー (~'49)
1947 昭和22年	更生服さかん 水玉のワンピース アプレ族スタイル アメリカンスタイルの模倣 中原淳一スタイル	
1948 昭和23年	アロハ・ファッション リーゼントスタイル	
1949 昭和24年	ロングスカート流行 トッパーにスラックス人気	サーモンピンク (~'52) パステルカラー
1950 昭和25年	ニュールック全盛 ロングスカート大流行 赤い靴流行 ブレザージャケット ビニールレインコート	赤 (~'54)
1951 昭和26年	ナイロンストッキング	パステルカラー人気
1952 昭和27年	ナイロンブラウス トッパー・茶羽織流行 シームレスストッキング	ピース紺（ピースブルー）

ファッション一般	社会・生活
更生服続く 洋裁ブーム 中原淳一「それいゆ」創刊	天皇人間宣言 新憲法発布 タケノコ生活 斜陽族
ディオールがニュールック発表 中原淳一「ひまわり」創刊 「装苑」復刊	新憲法施行
アプレゲール 衣料好転しはじめる	洋裁学校急増 流行語アプレゲール ブギウギ流行
「ドレスメーキング」創刊 NDC 第 1 回ファッションショー	下山事件 「銀座カンカン娘」大ヒット
アメリカンモードからパリモードへ クチュール VS ヤングファッション 「dansen 男子専科」創刊	朝鮮戦争勃発 特需景気 アメリカのライフスタイルの模倣 第 1 回ミスユニバース 映画「赤い靴」ヒット
東洋レーヨン「ナイロン」特許とる ピンク化粧の流行 石津謙介「VAN JACKET」設立	サンフランシスコ条約調印 ヤミ成金 映画「羅生門」グランプリ受賞 映画「カルメン故郷に帰る」公開
ディオール全盛 シネモード全盛 下着のカラフル化	経済建設期 「君の名は」ラジオ大ブーム 血のメーデー

	ストリートファッション	流行色
1953 昭和 28 年	真知子巻き大流行 落下傘スタイル	コロネーションカラー ビタミンカラー (~'57) パウダートーン
1954 昭和 29 年	マンボズボン ヘップバーンスタイル ヘップバーンカット サブリナ・シューズ サブリナパンツ	赤と黒
1955 昭和 30 年	ポニーテイル ダスターコート流行 マンボズボン全盛となる チュニックスタイル人気	
1956 昭和 31 年	太陽族ファッション マンボスタイル定着 フレアスカート人気	
1957 昭和 32 年	カリプソスタイル 「挽歌」スタイル流行 化合繊のきもの流行	ツートンカラー 赤
1958 昭和 33 年	ロカビリーファッション サックドレス流行 ササールコート流行	モーニングスターブルー
1959 昭和 34 年	プリンセスライン流行 「カミナリ族」ファッション	チャコールグレー+ピンク (~'60) ザイラーブラック (~'60) 慶祝カラー

ファッション一般	社会・生活
JAFCA 設立 ディオールのチューリップライン	白黒テレビ放送開局 ナイロン製品出回る 映画「君の名は」大ヒット 映画「ローマの休日」大ヒット エリザベス 2 世戴冠式
シャネル No.5 ディオールの H ライン 「MEN'S CLUB」創刊	経済成長期 電化元年 (三種の神器) マリリン・モンロー来日 映画「麗しのサブリナ」大ヒット 映画「赤と黒」
マリー・クワント、ブティック開店 ディオール　A ライン、Y ライン発表 アルファベットライン時代	戦後最高の景気 週刊誌「若い女性」創刊 石原慎太郎「太陽の季節」受賞 [M+W] 語流行 映画「地獄門」アカデミー賞受賞 「エデンの東」大ヒット
ディオールのアローライン パリモードに関心移る 下着ブームのカラフル化	神武景気 「もはや戦後ではない」 太陽族、愚連隊話題となる
東レ・帝人でポリエステル導入 ファッションのカジュアル化 カリプソメイク流行 ウール着尺ブーム	東京タワー起工 フラフープ人気 映画「挽歌」 浜村美智子「バナナボート」大人気 「週刊女性」創刊
サンローランのトラペーズ・ライン アクリル繊維登場 スキャンティー人気	なべ底景気 映画「初恋」キャンペーン 週刊誌「女性自身」創刊 映画「三月生まれ」大ヒット ロカビリーブーム
ミッチーブーム ヤングファッション時代 マリー・クワントのミニスカート	岩戸景気 皇太子ご成婚 映画「黒い稲妻」

	ストリートファッション	流行色
1960 昭和 35 年	Gパンの流行 革ジャンパー人気	黒ブーム起こる
1961 昭和 36 年	ホンコンシャツ カンカンドレス流行	冬物に黒流行 イタリアンブルー
1962 昭和 37 年	ヘアバンド流行 ムームー人気 アイメークやウィッグ盛ん シフトドレス	シャーベットトーン
1963 昭和 38 年	アイビーファッション ジャージ流行 ニット人気 サングラス流行	フルーツカラー 六本木カラー (オリーブ、モスグリーン)
1964 昭和 39 年	みゆき族ファッション ブレザーとワッペン アイビーファッション流行 シフトドレス流行	アイビーカラー (~'69) 黒 日本の伝統カラー
1965 昭和 40 年	ボンドルック モッズルック	トリコロールカラー 白と黒 ピンク、サックス、クリーム
1966 昭和 41 年	原宿族ファッション ミニスカート旋風 フーテン、アングラ GS ファッション人気	黒 小麦色 ('61~'66)

ファッション一般	社会・生活
プレタとヤングファッション台頭 ファッションのカジュアル化が進む 「ハイファッション」創刊 百貨店カラーキャンペーン	黄金の 60 年代幕開き 安保条約反対闘争 消費は美徳 カラーテレビ放送 だっこちゃん人形
合織メーカーキャンペーン	レジャーブーム チャールストン 映画「ウェストサイド物語」
シャーベットキャンペーン プレタポルテ台頭 みゆき族登場	物価高騰 無責任時代 東京人口 1000 万人突破
六本木族 TPO キャンペーン フルーツカラーキャンペーン プレタポルテ時代到来	マイカー時代 流通革命 映画「クレオパトラ」封切り インターカラー設立
「みゆき族」全盛と消滅 「平凡パンチ」創刊	東京オリンピック 東海道新幹線開通 ワッペンブーム エレキ・ゴーゴー流行
クレージュ、ミニスカート発表 既製服発展 カルダン、モンドリアンルック発表	ベトナム反戦デモ 水俣病 映画「007」大ヒット
クレージュがパンタロン発表 「流行通信」創刊 ポップアート、オプアート 資生堂「太陽に愛されよう」キャンペーン	日本人の人口一億人突破 新三種の神器時代 ビートルズ来日 レナウン「イエイエ」CM カラーテレビ時代

	ストリートファッション	流行色
1967 昭和 42 年	フォークロア・ファッション パンタロンルック登場 クレージュの白いブーツ	ピーコックカラー (~'69) ポップカラー (~'70) サイケデリックカラー (~'69)
1968 昭和 43 年	ミニ全盛 20・30 年代モード メンズ・カラーシャツブーム	メキシカンカラー ウインターパステル
1969 昭和 44 年	ヒッピーファッション進出 パンタロン・スーツ サファリルック	コンプレックスカラー配色
1970 昭和 45 年	ミディ、マキシの人気 (~'75) フォークロアルック (~'76) Tシャツにジーンズ レイヤードルック盛ん	ナチュラルカラー (~'75) インディゴブルー ('70~)
1971 昭和 46 年	ホットパンツ プラットフォーム靴人気 ジーンズ爆発的人気 アメカジ全盛	ナチュラルカラー継続
1972 昭和 47 年	カラーやブリーチジーンズ パンタロン定着 ニュー A ライン台頭 サファリルック人気	
1973 昭和 48 年	ビッグスカート登場 スポーティブ・エレガンス 重ね着ルック・ベスト人気	アースカラー (~'76) フェイデットブルー

ファッション一般	社会・生活
ツイッギー来日 ヒッピー、フーテン族出現 資生堂「MG5」キャンペーン ピーコック革命	昭和元禄 グループサウンズ (GS) 流行 いざなぎ景気
アンチ TPO 時代 プレタポルテ時代始まる ビキニ型水着現れる	大型消費時代 サイケデリック・アート全盛 劇画ブーム
マキシ・ミニ・マイクロミニ登場 パンティーストッキング登場	東大安田講堂占拠 GNP 世界第 2 位 沖縄返還日米共同声明
ミニかマキシかの論争 ジーンズ時代 個性化はじまる ノールールのファッション 「an・an」創刊	高度経済成長期、公害問題 女性解放、反戦、自然志向 モーレツからビューティフルへ 万国博覧会 ディスカバージャパン
「non-no」創刊 浜野安宏「質素革命」刊行 「アンノン族」ファッション	ドルショック
ジーンズの多様化 青山・原宿のマンションメーカー隆盛 チープ・シック	景気回復 沖縄返還 田中角栄内閣成立 日中国交正常化 高松塚古墳発見
スタイリスト注目集める フェミニン志向強まる ケンゾー、フォークロアファッション発表	第 1 次オイルショック 買いだめパニック 節約は美徳 繊維大不況

	ストリートファッション	流行色
1974 昭和 49 年	エスカルゴ・スカート流行 テントライン ビッグ・ファッション ビッグショール、ロングマフラー つぎはぎジーンズ	
1975 昭和 50 年	ニュートラ登場 スーパーレイヤード サファリルック	カーキ & オリーブ (~’78) ケンゾーカラーの茶、赤、緑
1976 昭和 51 年	ヘビーデューティー ワークファッション ダウンベスト クロスオーバー・スタイル	
1977 昭和 52 年	ビッグからスリムへの移行 「UCLA」などのロゴ入りシャツ サーファーファッション (~’80) アスリートファッション (~’80)	ワインカラーの流行
1978 昭和 53 年	50 年代花柄プリント人気 パンクファッション タンクトップ人気	黒、赤 (~’79) サマーダーク
1979 昭和 54 年	肩パッド入り構築シルエット プレッピー (~’80) ニュートラ、ハマトラ (~’82)	パステルカラー (~’82) トリコロール
1980 昭和 55 年	フィフティーズ・ルック DC ブランド注目 竹の子族ファッション	竹の子族の白、赤、緑 モノトーン (~’87)
1981 昭和 56 年	クリスタル族ファッション フュージョン・テクノファッション	

ファッション一般	社会・生活
ビッグの時代 着こなしの多様化 高田賢三、三宅一生パリで活躍	狂乱物価 石油危機迫る ライフスタイル志向 映画「華麗なるギャッツビー」 「ベルバラ」ブーム
高田賢三「中国ルック」発表 「JJ」創刊 第 1 次ブランドブーム	ベトナム戦争終結 複合汚染 ロンドンパンク人気
「POPEYE」創刊	自然、健康志向 暴力、ツッパリ社会問題化 円高不況 ニューファミリー登場
インポート・ブランド志向	大型倒産続く 日中平和友好条約 不確実性の時代 カラオケ大流行
ニューヨーク・キャリア・ファッション ブティック「竹の子」オープン 「VAN JACKET INC.」倒産	第 2 次オイルショック 経済低成長期 日中友好平和条約締結
「Hot - Dog PRESS」創刊 省エネルック	エネルギー危機 東京サミット
第 1 次インポートブランドブーム	低成長期 対米輸出自主規制
東京コレクション発足 「Y's」、「COMME des GARÇONS」のパリコレデビュー 「Can Cam」創刊	OPEC 減産決定 田中康夫「なんとなくクリスタル」

	ストリートファッション	流行色
1982 昭和 57 年	カラス族ファッション ミスマッチ スーパーカジュアル プレッピー	ブラック (~'88) パステルカラー (~'85)
1983 昭和 58 年	Olive 少女ファッション ピンクハウス人気 ヒップホップ	モノトーン人気 (~'88) インディゴブルー
1984 昭和 59 年	女性が着るメンズウエア ニューきものヒット マリンルック	マリーンブルー ホワイト
1985 昭和 60 年	ボディ・コンシャス オールドスクールスタイル チェック柄流行	パステルピンク (~'87) ビビッドカラー (~'87)
1986 昭和 61 年	お嬢様ファッション ワンレン & ボディコン シャネル調スーツ ダイアナ妃ファッション	サマーホワイト ウィンターブラック ブラウン
1987 昭和 62 年	サンタフェスタイル アメカジ ミニ復活 MA-1 ジャケット	
1988 昭和 63 年	アウトドアルック エスニック調 ナチュラル・コンシャス	ラベンダー人気 エコロジーカラー (~'89) (ベージュ、ブラウン、ブルー)
1989 平成元年	渋カジ全盛 ('88~'91) ポロ・ラルフローレン人気	

ファッション一般	社会・生活
東京コレクションブーム	東北、上越新幹線開通 無印良品ヒット 三語族（ウッソー、ホント、カワイイ）
DC ファッション全盛 (~'86)	東京ディズニーランド開園 パソコン・ワープロ人気 景気回復
ヤングファッションの低年齢化 ハウスマヌカン・ブーム	ニューメディア時代始まる ロサンゼルス・オリンピック開幕 ヤッピー登場
ナイキ「エア・ジョーダン」CM 人気	バブル景気始まる つくば科学博 円高、低金利 チェッカーズ「ギザギザハートの子守唄」ヒット
ニューリッチ、お嬢様、おぼっちゃま 渋カジ台頭 映画「トップガン」大ヒット 色白と UV カット化粧品	チェルノブイリ原発事故 モノトーン家電 ダイアナ妃来日
第 2 次インポートブランドブーム (~'89) 団塊ジュニアの台頭 朝シャンブーム	国鉄民営化 東京株式大暴落 携帯電話登場
イタリアン・ブランド流行 「Hanako」創刊	ソウルオリンピック リクルート疑惑
「CUTiE」創刊 新合繊時代	昭和天皇崩御 平成に改元 消費税導入

	ストリートファッション	流行色
1990 平成2年	紺ブレ (~'91) お立ち台ファッション NBA スタイル	ベーシックカラー ('90~) ナチュラルカラー グレイッシュカラー
1991 平成3年	キレカジ・デルカジ L.A. スタイル グランジルック	ネービーブルー大流行 サックスブルー ローズピンク (~'92) パステルカラー
1992 平成4年	フレンチ・カジュアル サープラスもの	オレンジ ニュートラルカラー復活 (~'94)
1993 平成5年	ナチュラル・カジュアル 裏原ファッション イッセイ・ミヤケ「PLEATS PLEASE」 リバイバルファッション ('93~)	ホワイト (~'96) ベージュ人気 赤 (~'95)
1994 平成6年	スクールガール・ルック チビT、ピタT モード系ファッション (~'97)	黒ブーム (~'00)
1995 平成7年	シャネラー、アムラー ルーズソックス へそだしルック ニューヒッピー	チョコレートブラウン (~'98) パステルカラー
1996 平成8年	70年代調リバイバル 裏原宿ストリート系全盛 ロマンティック・スタイル オリエンタル調ファッション	アシッドカラー (~'99) 白人気 カラフルカラーブーム ('96~)

ファッション一般	社会・生活
単品コーディネートカジュアル トータルファッションから コーディネートファッションへ ゆかたブーム ('90~)	バブル成長期 平成景気 ドイツ統一 スーパーファミコン
ストリート系ブランドの台頭 茶髪全盛	湾岸戦争 ソ連崩壊 新都庁完成 バブル崩壊
アウトレットストア ナイキ「エア・ジョーダンVII」	就職難 バルセロナオリンピック
「zipper」創刊 皇太子・雅子さま「慶祝カラー」 ババシャツ	円高、規制緩和 J リーグ開幕 コギャル登場
フライデーカジュアル 第 3 次インポートブランドブーム	PL 法成立 「ジュリアナ東京」閉店
団塊ジュニア世代が消費のリーダーに	オウム事件 阪神大震災 携帯電話加入率が増大
第 2 次 DC ブランドブーム 渋谷「109」リニューアル ヘアカラーブーム コギャル・アムラー現象 (茶髪、細マユ、ミニスカ) ガングロ・ヤマンバ大流行	証券不祥事 アトランタオリンピック

	ストリートファッション	流行色
1997 平成9年	ギャル系セクシースタイル 厚底靴 スーパーポジション デコラちゃん サブリナパンツ	ピンク、ラベンダー
1998 平成10年	ボディーファッション進化 スポーティー・カジュアル キャミソールルック	ウィンターホワイト ダークグレー人気 サイケデリックカラー復活
1999 平成11年	60年代調ファッション ミニスカート エクステンション人気	スケルトンカラー ローズピンク大ヒット (~'01)
2000 平成12年	コンサバ・スタイル 80年代、60年代リバイバル Gジャンブーム	ホワイト大流行 ターコイズブルー
2001 平成13年	80年代コンサバ・トラッド 神戸エレガンス系 レオン・オヤジ	オレンジ人気 黒人気
2002 平成14年	スポーツ&ミリタリー ジュニア・ファッション B系スタイル	ジャパンブルー (~'06) 黒+白
2003 平成15年	ビッグ&ルーズ イレギュラー&アシンメトリー 名古屋嬢スタイル	カーキ (~'05)
2004 平成16年	マンバ・ギャル セレブ・ファッション センターGUY出現	クールなグリーンやブルー (~'05) ピンク

ファッション一般	社会・生活
	金融経営破綻 消費税 5% 「たまごっち」大ヒット 消費不況
レトロ調のリバイバル 厚底靴リバイバル 古着人気	日本版ビッグバン 完全失業率上昇 「iMac」大ヒット
ガングロ・ヤマンバ登場 カラーパンツ 「EGOIST」大人気	東海村臨海事故 「AIBO」登場
海外高級ブランドの路面店台頭 「UNIQLO」フリース 50 色展開 姉ギャル登場	構造不況・株価低迷 IT 革命 シドニーオリンピック
ヴィンテージ加工	小泉内閣誕生 アメリカ同時多発テロ 狂牛病
ストリート系ブランドのパリコレ進出	サッカー W カップ開催 北朝鮮拉致問題
50、60、80 年代のレトロ・リバイバル	イラク戦争 アニメ「千と千尋の神隠し」 アカデミー賞受賞
「ALBA ROSA」大人気 赤文字系雑誌人気	鳥ウイルス アテネオリンピック 映画「下妻物語」大ヒット

	ストリートファッション	流行色
2005 平成 17 年	ネオ・ミリタリー エビちゃん系・もえちゃん系 ちょい悪オヤジスタイル ヴィクトリアン 豹柄コート	ベージュ、カーキ ターコイズブルー ブルーグリーン
2006 平成 18 年	グラマラス・ギャル ボディ・コンシャス サッカーシャツ	Samurai ブルー 黒、白、モノトーン (~'07) パープル
2007 平成 19 年	ビッグ & ルーズ ネオ・フェミニン グラフィカルパンク レギンスレイヤード	コーラルピンク ピーコックグリーン イエロー クラインブルー

ファッション一般	社会・生活
クールビズ 映画「NANA」人気 「Vivienne Westwood」人気	小泉「郵政解散」 耐震強度偽装発覚 格差問題
ウォームビス 東京ガールズコレクション話題になる	安倍政権 イナバウアー
60年代ミニマムモダン ネオクラシック スーパーミックス ミキシングスポーツ	団塊の世代退職 大学全入時代 年金問題

【著者略歴】

城　一夫

共立女子短期大学名誉教授。

専門は、色彩文化・文様文化・ファッション文化の研究。

著書に「色彩の宇宙誌」、「色彩博物館」、「色彩の歴史と変遷」「装飾文様の東西」、「ファッションの原風景」、「生活デザインの社会学」など多数。

展覧会「大江戸の色彩展」、「明治・大正・昭和の色彩展」「Color Session 2007」の企画・構成を担当。

またテレビ番組「北野武の色彩大紀行」、「色 わーるど」などの監修を担当。

渡辺直樹

1963年東京生まれ。1984年桑沢デザイン研究所卒。イラストレーター。

桑沢デザイン研究所、織田デザイン専門学校非常勤講師。

日本のファッション

明治・大正・昭和・平成

Japanese Fashion

発　行　2007年10月1日　初版発行
2008年1月1日　第二版発行

著　者　城　一夫
渡辺直樹

発行者　安田英樹

発行所　株式会社 青幻舎
京都市中京区三条通烏丸東入ル
TEL.075-252-6766 FAX.075-252-6770
http://www.seigensha.com

デザイン　株式会社 ザイン

進　行　中嶋桂子（青幻舎）

印刷・製本　印刷夢工房有限会社

Printed in JAPAN

ISBN978-4-86152-108-9 C0077